KB090953

협상은
스포츠에서
배워라

스포츠 비즈니스는 어떻게 세기의 계약을 끌어내는가?

협상은
스포츠에서
배워라

케네스 슈롭셔 지음 | **김인수** 옮김

브레인스토어

감사의 말

이 책이 나오기까지 관심을 갖고 후원해주신 많은 분들에게 고마움을 전하고 싶다. 공식적으로 인터뷰한 사람들의 이름은 이 책에 표시해두었다. 귀중한 시간을 쪼개어 소중한 정보를 제공해준 것에 감사드린다.

여러 사람들과 수년간 이 주제에 관해 대화를 나누고 그들을 지켜보면서 나 또한 많은 것을 배웠다. 너무나 많은 분들의 도움을 받았기에 여기서 일일이 이름을 거론할 수는 없지만, 그중에서도 가장 뛰어난 협상가들의 모임인 스포츠변호사협회Sports Lawyers Association의 동료 회원들에게 감사드린다.

학생들의 연구 조사가 뒷받침되지 않았더라면 아마 이 책은 나오지 못했을 것이다. 특히 글을 쓰는 과정에서 콜린 베이커, 어맨다 벤솔, 존 갠트먼, 라이언 맬러리, 코리 모엘리스, 스티븐 머리, 캘빈 오티스, 매티 텔름, 알렉스 발너의 도움이 컸다.

와튼 스포츠 비즈니스 이니셔티브Wharton Sports Business Initiative의

찰스 그랜섬, 스콧 로즈너, 모리 타헤리퍼에게 고마움을 전한다. 그리고 이 프로젝트에 자금 지원을 해준 법학연구 및 비즈니스윤리 연구기금에도 감사를 드린다. 미식축구 관련 거래에 대해 해박한 지식으로 도움을 준 애슐리 폭스에게도 감사의 말을 전한다.

처음부터 내 이야기에 믿음을 보여준 맥그로힐 출판사의 리스피로와 콜린 켈리를 비롯해 이 책의 출간에 여러 도움을 준 다른 분들에게도 고마움을 전하고 싶다. 그리고 가장 먼저 이 책을 쓰라고 부추겼던 동료 제리 윈드에게 감사한다.

스탠퍼드 경영대학원의 마거릿 닐 교수는 몇 년 전 내가 대단한 사업가들과 함께 경영진 협상 코스를 들을 수 있도록 친절을 베풀어주었다. 내가 가르치는 협상에 대한 지식을 넓히기 위해 갔던 그곳에서 얻은 경험은 그 무엇보다 소중했다. 닐 교수의 사고와 작업, 특히 협상 추론의 많은 부분을 이 책에 활용했음을 밝혀둔다. 내 동료 리처드 셸의 이름 또한 이 책의 중요한 부분에서 언급했음을 알린다. 셸은 내가 처음 협상 분야에 입문할 때부터 지금까지 여러 면에서 많은 도움을 주고 있다.

마지막으로 회사 임원들, 학자들, 운동선수들을 포함해 직업과 직위에 상관없이 내 수업에 참여했던 모든 학생에게 고마움을 전한다. 알게 모르게 학생들에게서 많은 것을 배웠다. 이번 책 출간과 관련해서 도움을 준 모든 분에게 공을 돌리며 부족한 부분에 대해서는 개인적으로 책임감을 느낀다는 말을 전한다.

모든 협상에서
더 똑똑하게 이기는 법

당신이 지금 어디로 가고 있는지 모른다면
결국에는 엉뚱한 곳에 다다를 것이다.

– 요기 베라Yogi Berra –
야구 명예의 전당 헌액자

협상의 달인이 되고 싶은가? 팀, 리그, 선수는 물론 스포츠 업계와 ESPN 관련 비즈니스를 다루는 프로들처럼 넘치는 자신감으로 성공을 거두는 협상가가 되고 싶은가? 당신이 스포츠 팬이든 아니든, 거래와 관계 구축과 설득은 물론 리더십 분야에서도 뛰어난 존재가 되고 싶다면 바로 이 책에서 답을 찾을 수 있다.

나는 와튼 경영대학원Wharton School of Business에서 협상을 가르치고 세계 여러 나라의 임원들을 대상으로 강의한다. 또한 「포춘 Fortune」 선정 500대 기업에서 각종 스포츠 리그, 에이전트, 운동선수, 권투 프로모터, 팀 운영진, 그리고 대도시 및 소도시 시장에 이르기까지 다양한 사람들과 조직을 대상으로 협상 실무 경력을 쌓았다. 이 책을 통해 그중 몇 가지 사례와 중요한 교훈들을 독자들에게 소개하고자 한다.

이 책은 당신이 자신의 협상 기법, 스타일, 관계 형성 전략, 설득 능력을 분석하고 이를 다른 사람들의 전략과 비교해볼 수 있는 방법을 제공한다. 회사 임원, 학생, 운동선수, 스포츠 팬 누구라도 이 책을 다 읽고 연습을 거듭하면 지금보다 훨씬 뛰어난 협상가가 되어 있을 것이다. 만일 당신이 스포츠 비즈니스 업계에서 일하는 사람이라면 더할 나위 없겠지만, 사실 그렇지 않은 대부분의 사람들은 이 책의 내용을 활용할 기회가 별로 없다고 생각할 것이다. 하지만 그렇지 않다. 이 책에서 제시하는 협상 원칙은 생활 속에서, 자신이 몸담고 있는 비즈니스 분야에서도 충분히 활용 가능한 것들이다.

이 책은 거래를 성사시키는 방법에 대해서만 말하지 않는다. 설사 지금 당장 어떤 목적이 없다고 해도, 관계 형성의 중요성에 대한 당신의 생각을 다시 한 번 가다듬을 기회를 제공한다. 협상가들이 공통적으로 동의하는, 아주 중요한 말이 있다. 평소에는 관계 형성에 소홀하다가 필요한 때만 관계를 구축하려들면 그땐 이미 너무 늦었다는 말이다.

아마도 이 책을 집어든 사람들 대부분은 예전의 나와 같은 사람들일 것이다. 나는 협상을 잘하는 사람과 못하는 사람은 타고 나는 것이라고 생각했다. 협상 능력이란 누가 가르치거나 배워서 할 수 있는 것이 아니라고 생각했다. 협상에 관한 책을 읽는다고 해서, 혹은 협상 대가들의 조언을 따라 한다고 해서 될 일도 아니고 따라 할 수도 없다고 확신했었다.

그러다 20여 년 전쯤 와튼 경영대학원에서 함께 일하는 리처드 셸Richard Shell이 '협상과 분쟁 해결Negotiation and Dispute Resolution'이라는 과목을 가르치기 시작했다. 그는 내게도 그 과목을 가르쳐보라고 제안했지만 당시에는 내가 가르칠 과목이 아니라고 생각했다. 그러다가 몇 년 전에, 딱히 특별한 깨달음을 얻어서가 아니라 평소 가르치던 스포츠 비즈니스와는 다른 뭔가를 해보고 싶은 마음이 들어 협상 과목을 가르치기로 마음먹었다. 나는 협상 관련 문헌과 사례들을 샅샅이 살펴보았다. 솔직히 말해서 알면 알수록 놀라웠다. 그리고 이제는 배움을 통해 지금보다 더 뛰어난 협상가가 되는 일이 가능하다고 확신하게 되었다.

물론 배운다고 해서 갑자기 자신의 협상 스타일을 180도 바꿀 수는 없다. 이런 생각은 아직도 변함이 없다. 게다가 기존의 협상 스타일을 싹 뜯어고쳐야 한다고 생각하지도 않는다. 내가 말하는 배움이란 자신의 스타일을 파악하는 방법, 자신이 편안하게 잘할 수 있는 일을 더 잘하는 방법을 익히는 것이다. 무모하게 성격 전체를 개조하는 게 아니라 기법과 절차를 바꾸는 데 더 집중한다는 뜻이다.

그래서 이 책은 당신이 지금보다 더 뛰어난 협상가가 되기 위해 자신의 능력과 기술을 사용하는 법을 제시한다. 자신의 기술을 체계적인 스타일과 방법으로 만들어나가는 법, 관계를 구축함으로써 일반적인 거래를 넘어서는 법을 소개할 것이다. 즉, 당신이 현재 자신의 능력을 파악하고 협상에 체계적으로 접근하도록 도울 것이다.

성공적인 협상에서 가장 중요한 열쇠는 먼저 당신 자신을 이해하는 것이다. 그런 다음에 협상하는 상대방에 대한 정보를 가능한 한 많이 수집해야 한다. 그리고 마지막으로 작전 계획game plan, 즉 전략을 준비해서 상황에 따라 조정하면서 실행하면 된다.

이 책에서는 전략의 준비와 실행에 대해 소개할 것이다. 특히 스포츠 비즈니스와 관련된 다양한 협상 사례를 통해 설명하고자 한다. 그중에는 실제로 그 협상에 관여했던 사람들이 직접 들려주는 이야기들도 있다. 또한 스포츠 분야에서 나타나는 광범위한 관계를 살펴보고, 여기서 얻을 수 있는 교훈들을 다른 사람들과의 관계에 어떻게 접목시킬 수 있는지에 대해서도 살펴볼 것이다.

그래서 나는 딜메이커나 선수들만을 다루지 않고 스포츠 분야에서 놀라운 업적을 달성하도록 동기를 부여한 이들의 이야기도 담고자 했다. 전설적인 감독 존 우든John Wooden*이나 팻 서미트Pat Summitt* 같은 사람들의 필승 기법은 스포츠 분야에서도 중요하

---

* 미국의 전설적인 농구 선수이자 감독으로, 그가 이끈 UCLA 농구팀은 12년 동안 88연승, 전미대학 농구선수권(NCAA) 챔피언십 10회 우승이라는 대기록을 세웠다.
* '농구의 어머니'로 불리는 팻 서미트 전 테네시대학교 감독은 NCAA 여자농구 디비전 1 통산 1,098승이라는 전무후무한 기록을 남긴 지도자다.

지만 일반 비즈니스와 일상생활에도 적용할 수 있다. 이들은 자신이 원하는 방식대로 사람들을 움직이고 그들에게 용기와 격려를 불어넣는 전략 개발에 성공한 지도자로서 우리에게 많은 가르침을 선사한다.

이런 가르침을 전해주는 이야기는 많다. 나는 그중에서도 뛰어난 협상 기술을 전수해줄 수 있는 이야기들을 선별했다. 선수로는 데이비드 베컴, 야오 밍, 펠레, 다니카 패트릭Danica Patrick, 마쓰자카 다이스케, 호나우두, 안나 쿠르니코바Anna Kournikova의 사례를 골랐고, 종목별로는 크리켓, 럭비, 골프, 테니스 등과 올림픽 관련 사례도 다루었다. 또한 스포츠 에이전트, 변호사, 선수협회와 구단 경영진의 이야기도 포함시켰다.

내가 경험했던 협상 현장에 대해서도 언급했다. 언론의 1면을 장식할 만큼 대형 협상은 아니었지만 많은 걸 깨닫게 해준 소중한 경험들이었다. 그리고 여러 면에서 내 협상 방식에 긍정적인 영향을 주었다. 지난 협상에 대해 곰곰이 생각하다 보면 앞으로 더 나아질 수 있는 방향이 보일 때가 있다. 나는 이런 마음으로 내가 경험했던 협상들을 돌이켜본다. 당신도 그랬으면 좋겠다. 분명 당신은 지금보다 더 뛰어난 협상가가 될 수 있다. 자신을 들여다보고 자기의 내면에 보이는 현실을 받아들인다면 이 책의 가치를 발견할 수 있을 것이다.

스탠퍼드대학교 재학 시절, 나는 왜소한 체구의 센터에 불과했다. 그런 내게 미식축구팀 공격 담당 코치였던 허드슨 하우크

Hudson Houck가 관심을 보인 것도 흔한 일은 아니었지만, 어쨌든 내가 연습에서 또 실수를 저지르자 그는 이렇게 소리쳤다. "이런, 슈롭셔! 네가 덩치가 크냐, 무지하게 빠르길 하냐, 아니면 힘이라도 엄청 세냐? 아무것도 없으면 머리를 써야 할 것 아냐!"

그 코치의 말이 맞았다. 내가 가진 것을 활용하라는 말이었다. 아무것도 가진 게 없는데 하룻밤 사이에 갑자기 뭔가를 만들어낼 수는 없는 일이다. 그의 말대로 자신이 가지고 있는 것을 활용하면 확실히 좋은 선수가 될 수 있다.

사실 대학 4년 동안 출장 기회가 많지 않았던 탓에 당시에는 코치의 말을 제대로 받아들이지 못했다. 코치가 좀 더 많은 기회를 주고 나 역시 노력했더라면 내 안에 숨어 있는 잠재력을 더 끌어올렸을지도 모른다. 아무튼 중요한 것은 마음을 여는 것이다. 마음을 열고 이 책에 나온 내용을 하나씩 익혀나가도록 하자.

그러면 이제 뛰어난 협상가로 나아가는 여정을 시작해보자. 이 책의 각 장에서 이야기할 내용은 다음과 같다.

1장 '열정을 기울여 준비하라'에서는 모든 협상에서 가장 중요한 요소인 준비에 초점을 맞춘다. 이 장을 통해 당신은 어떻게 협상을 준비해야 하는지, 그리고 준비하는 데 시간을 투자하는 것이 왜 중요한지 이해하게 될 것이다. 여기 나온 내용들은 주로 스포츠계에서 벌어진 일이지만 일반 비즈니스 거래에서도 얼마든지 발생하는 일이기도 하다. 대부분의 코치들이 하는 말을 들어보면 요점은 이것이다. "자신이 맡은 일을 하라." 이 말 속에는 먼저 자기가 해야 할 일이 무엇인지 알아야 한다는 뜻이 숨어 있다. 아마도 책을 읽어나가면서 가끔씩 1장으로 돌아와 내용을 재확인하게 될 것이다. 그리고 이 장 말미에 수록한 '협상전략계획표' 작성을 끝으로 이제 당신은 협상을 제대로 준비할 수 있는 능력을 갖추게 될 것이다.

2장 '자신의 스타일을 고수하라'에서는 어울리지도 않는 옷을 억지로 입느라 고생하지 말고, 자신이 가장 편하게 느끼는 협상 스타일을 파악하고 이를 자신에게 유리하게 사용할 것을 제안한다. 스포츠계에서는 이를 가리켜 '자신의 능력에 맞게 플레이하기playing within yourself'라고 한다. 2장을 읽다 보면 협상유형평가도구Bargaining Style Assessment Tool, BSAT에 대한 언급이 나온다. 이 도구는 리처드 셸이 『세상을 내 편으로 만드는 협상의 전략Bargaining for Advantage』에 수록한 것으로서, 이 책의 부록에도 실었다. 도중에 나는 당신에게 이 협상유형평가를 직접 한번 해보라고 권할 것이다. 10분 정도 들여 평가를 해보면 자신이 어떤 유형의 협상가인지 알게 될 것이다.

3장 '목표를 정하고 큰 뜻을 품어라'에서는 목표 설정하기, 그리고 준비 과정에서 목표 설정을 생활화하기가 얼마나 중요한지를 강조한다. 스포츠 팀들도 한 시즌을 맞이하면서 특정 대회나 올림픽에서 획득할 메달 개수를 미리 목표로 정해놓고 시작하는 경우가 많다. 분명한 사실은 목표가 높을수록 더 많은 용기와 격려를 얻고 성공할 확률도 높아진다는 점이다.

4장 '레버리지를 찾아라'는 레버리지leverage*에 관한 내용으로, 거짓말과 협상이 때로 같이 갈 수도 있다는 사실에 대해 살펴본다. 이 장에서는 영향력을 행사하는 레버리지를 창출해내기 위해 가장 많이 하는 거짓말이 무엇인지 알아보고, 동시에 상대방의 거짓말에 대항하는 방법을 살펴본다. 스포츠를 비롯해 어느 분야에서든 가장 흔한 거짓말은 자신의 상품이나 서비스에 많은 사람들이 관심을 가지고 있다는 말이다.

5장 '인간관계와 이해관계에 집중하라'에서는 거래에서 금전적 측면을 넘어 얻을 수 있는 혜택들이 무엇인지 알아본다. 운동선수를 예로 들면 자유계약선수Free Agent, FA*의 신분으로 더 많은 돈을 받고 팀을 옮기는 대신 현재 소속팀에 머무르면서 연고지 팬들의 지원과 응원을 받는 관계를 유지하는 것을 들 수 있다. 비즈니스의 경우에는 공급업자나 상사와 오래 지속되는 관계를 유지하는 것을 들 수 있다.

6장 '교섭 과정을 온전히 포용하라'에서는 협상에서 정신적 즐거움을 느끼는 단계로 당신을 이끌어줄 것이다. 스포츠에서 훈련은 지루한 과정의 연속인 경우가 많다. 협상에 필요한 준비 과정도 이와 다르지 않다. 하지만 당신이 실제로 타석에 들어선 순간, 혹은 일요일 행사가 코앞으로 다가온 순간 당신이 해야 할 일은

---

* '지렛대'라는 의미로 금융계에서는 적은 자본 혹은 빚으로 수익을 올리는 차입을 의미하지만 여기서는 지렛대, 영향력의 의미로 쓰인다.
* 1976년 미국 프로야구에서 처음 도입된 제도로, 일정 기간이 지나면 다른 팀과 자유롭게 계약을 맺어 이적할 수 있는 자유계약선수 또는 그 제도를 일컫는다.

무엇일까? 그것은 바로 그 일을 즐기는 것이다. 협상의 준비 과정을 비롯해 여러 단계와 과정들에서 당신은 즐겨야 한다.

살다 보면 어느 순간 누구나 고용주-고용인 협상 관계에서 한쪽에 서게 된다. 아니면 누군가를 위해 협상을 해주거나, 자신을 위해 협상을 대신해줄 누군가를 고용하게 되며 이는 비즈니스 파트너와의 협상이라는 사안을 제기한다. 7장 '다른 사람의 일을 처리하라'에서는 바로 이런 협상과 관계에 초점을 맞춘다. 선수-에이전트 협상뿐 아니라 회사 또는 개인을 대표해서 협상하는 방법, 당신을 대신해 협상해주는 사람을 관리하는 방법에 대해 더 많은 정보를 얻을 것이다. 또한 개인 차원뿐 아니라 비즈니스 차원에서 관계를 형성하는 데 도움을 줄 수 있는 협상에 대해서도 보는 눈을 키워줄 것이다.

자주 발생하지는 않지만, 반드시 준비해야 하는 협상 중 하나가 대중의 눈앞에서 벌어지는 협상이다. 대중이라는 무대는 작은 회사의 회의실에서 전국적인 무대에 이르기까지 다양하다. 대중의 눈은 대부분 당신의 평판 또는 회사의 명성에 초점을 맞춘다. 스포츠 비즈니스에서는 이런 유형의 협상이 늘 일어난다. 8장 '대중의 심리를 파악하라'에서는 야구 선수의 스테로이드 복용 사건, 마이클 빅Michael Vick과 투견 도박 사건 같은 문제들을 들여다본다. 당신의 경우는 아마도 이런 대대적인 사건보다는 소규모 대중, 예를 들어 가족이나 동료 등을 대중으로 하는 협상을 생각하면 될 것이다.

마지막으로, 9장 '프로처럼 협상하라'는 모든 요소를 한데 묶어 당신이 전략을 세우고 행동하는 데 도움이 되도록 구성했다.

대학 농구 감독이었던 바비 나이트Bobby Knight는 늘 '스마트한 승리'를 주장했다. 경기나 연습 도중에 그가 선수들에게 이 두 단어를 외치는 소리를 나도 들은 적이 있다. 그가 말하고자 했던 것은 '자신의 능력 이상을 발휘하라는 말이 아니다. 나도 당신도 자신의 능력이 어디까지인지 알고 있다'는 것이었다. 당신의 기술과 능력을 활용해서 성공 가능성을 높이려면 자신에게 어떤 능력이 있는지, 그 능력을 어떻게 활용해야 하는지 알고 있어야 한다. 허드슨 코치가 내게 말하고자 했던 것도 바로 이런 '스마트한 승리'였다.

● 협상의 달인으로 거듭나기 위한 지침

시작하라

1. 새롭고 조직적인 접근 방식을 사용하라.
2. 마음을 열고 자신에 대한 이해와 비판을 받아들여라.
3. 협상 시작 전에 취해야 하는 조치에 집중하라.
4. 자신의 협상전략계획표를 개발하라.

하지 말라

1. 자신이 모든 걸 다 안다고 넘겨짚지 마라.
2. 변화에 대한 의지 없이 다음 장으로 넘어가지 마라.

CONTENTS

Negotiate Like the Pros

1.
열정을 기울여 준비하라

준비하지 않는 것은 실패를 준비하는 것과 같다.

- 존 우든 -
전미대학농구선수권 챔피언십
10회 우승을 달성한 신화적인 감독

열정을 기울여 준비하라

준비하지 않는 것은 실패를 준비하는 것과 같다.

– 존 우든 –
전미대학농구선수권 챔피언십
10회 우승을 달성한 신화적인 감독

"소련(구 소비에트연방)이 보이콧하겠다는군."

올림픽 권투 커미셔너* 대니 빌라누에바Danny Villanueva가 내 옆으로 슬쩍 다가오면서 이렇게 말했다.

"그럼 쿠바도 불참한다는 말인데."

1984년 LA올림픽 권투 종목 운영을 담당하고 있던 내게는 좋지 않은 소식이었다. 당시 LA올림픽 조직위원회는 예전에 벨헬리

---

* 프로야구나 프로권투 등에서 질서 유지를 위해 전권을 위임받은 최고책임자.

콥터Bell helicopter 공장이었던 건물을 몇 개월 동안 사무실로 쓰고 있었다. 올림픽 준비와 기획을 위해 계속 늘어나는 직원들을 수용하기 위한 조치였다.

만일 빌라누에바의 말이 사실이라면 전설적인 헤비급 권투 선수 테오필로 스테벤슨Teófilo Stevenson을 비롯해 출중한 기량을 지닌 선수들을 보유한 쿠바 권투팀 전체가 불참할 것이었다. 이는 우리 직원들의 사기는 물론 올림픽 권투경기의 수준 또한 떨어뜨릴 게 뻔했다. 권투 종목뿐만이 아니었다. 쿠바 야구팀이 빠지고 소련이 모든 종목에서 불참한다면 LA올림픽은 그야말로 치명타를 맞을 것이었다.

올림픽조직위원회 위원장인 피터 위버로스Peter Ueberroth는 이 소식을 듣고 어떻게든 올림픽에 쿠바를 참가시켜야겠다고 마음먹었다. 그러기 위해서는 당시 초강대국이던 소련이 주도하는 보이콧에 동참하지 않도록 쿠바의 최고지도자인 피델 카스트로Fidel Castro를 설득해야만 했다. 설득의 성패는 위버로스가 이 협상을 어떻게 준비하느냐에 달려 있었다.

쿠바와 소련은 정치적, 특히 경제적으로 중요한 유대 관계를 형성하고 있었기 때문에 쿠바를 LA로 불러오는 일은 사실상 이룰 수 없는 꿈이나 마찬가지였다. 쿠바의 올림픽 참여를 부탁한다는 말로 간단하게 마무리 지을 수 있는 협상이 아니었다. 30년 동안 이어진 냉전 기간에 쿠바인들은 소련으로 유학을 갔고 소련 사람들은 쿠바에서 기술자나 병사로 일하면서 양국은 친밀한 관계를 유지해왔다. 여전히 쿠바인들 중에는 스베틀라나Svetlana, 블라디미르Vladimir 같은 이름을 사용하면서 소련을 기리는 사람이 많았고, 도로에는 아직도 구식의 소련제 라다Lada 승용차와 우랄Ural 오토바이가 다녔다. 냉전 시대에서 이어진 소련의 흔적이 쿠바 어디에나 존재한다는 점을 잊지 말아야 했다.

상황이 이렇다 보니 쿠바 지도자와의 대화라는 자리는 조심스러울 수밖에 없고 대화가 순탄하게 흘러갈 리 없다는 사실을 염두에 두어야 했다. 하지만 위버로스는 이것이 도전해볼 만한 목표라고 생각했다(1984년 LA올림픽의 성공적인 개최 이듬해 「타임」은 그를 '올해의 인물'로 선정했다).

오랫동안 스포츠계에 관여하고 일하면서 내가 만났던 사람들, 활동 중인 협상가들 중에서 위버로스는 가장 뛰어나다는 평가를 받고 있었다. 현장에서 보면 그는 지나치게 심각해지거나 자신에게 유리하도록 상황을 교묘히 이용하는 경우도 있기는 했다. 하지만 스포츠 협상 분야에서 그가 거둔 성공은 부인할 수 없는 사실이다.

그의 비결은 무엇이었을까? 위버로스가 생각하는 성공의 진정한 원천은 끊임없는 준비였다. 그는 자신은 물론 직원들에게도 철저한 준비를 통해 난처한 상황에 직면하는 일이 없도록 해야 한다고 늘 강조했다. 말은 쉬워 보여도 실제로는 지키기 힘든 목표였다. 올림픽처럼 거대한 국제 스포츠 행사를 담당하는 사람들에게는 더더욱 쉽지 않은 일이었다. 그러면 우리는 늘 성공하기만 했을까? 아니다. 실패한 적도 있다. 하지만 준비가 부족해서 실패한 적은 없었다.

위버로스는 자기 자신뿐 아니라 조직 전체에 준비의 중요성을 주입시켰다. 심지어 비서실에 근무하는 직원조차도 월드컵에 대해, 국제 스포츠 사회에 대해 숙지하고 있어야 했다. 어림짐작으로 아는 어설픈 지식만으로는 부족했다.

위버로스는 들어온 지 일주일 된 신입 직원들을 대상으로 직접 테스트에 나서기도 했다. 농담이 아니다. 일단 새로 온 직원들을 회의실로 부른다. 신입 직원들과 함께 직사각형 테이블에 둘러앉아 15분 정도 화기애애한 분위기에서 인사말을 마치고 나면 "다녀본 나라 중에 가장 큰 나라는 어디였나?"라고 질문을 던진다. 그러고는 한 사람씩 응시하며 대답을 기다리는 것이다.

만일 신입 직원이 "멕시코"나 "캐나다"라고 대답하면 위버로스는 별 관심을 보이지 않았다. 그러다 "유고슬라비아" 같은 나라를 이야기하는 사람이 있으면 잠시 뜸을 들였다가 그 나라의 최근 정치 형세에 대해 어떻게 생각하는지 물었다. 여기서 신입 직원이 대답을 못 하거나 어설픈 대답을 내놓으면 그는 대놓고 한심하다는 표정을 지어 보이곤 했다.

그런 다음에는 초등학교에서 하듯이 시험지를 나눠 주었다. 시험지에는 '첫 올림픽이 열린 곳은 어디인가?', '올림픽 개최 도시 중 M으로 시작하는 도시 이름을 적으시오', '(당시) 올림픽에 포함된 23종목을 모두 적으시오' 같은 문제가 적혀 있었다. '모스크바에서 제일 많이 읽는 신문은 무엇인가?', '동독의 공식 이름은 무엇인가?' 등 정치와 관련된 문제도 빠지지 않았다.

위버로스가 직원들에게(특히 그의 테스트에서 나쁜 성적을 받은 직원들에게) 전하는 메시지는 분명했다. 어떤 직원이 언제 어디서 올림픽조직위원회를 대표하는 자리를 맞이하게 될지는 아무도 모른다. 올림픽 관련 인사를 만난 자리에서 직원들의 사소한 언행 하나가 어떤 일에 얼마나 큰 영향을 끼칠지 아무도 모르므로 만반의 준비를 갖춰야 한다는 것이다.

우리는 우리의 일에서 사람과의 관계가 매우 중요한 역할을 한다는 사실을 알고는 부담감이 밀려왔다. 여기서 우리가 의지해야 할 것은 오직 지식, 즉 우리의 협력 상대와 적에 대해 꿰뚫어 아는 것만이 성공적인 관계를 맺는 열쇠였다.

우리가 일하던 곳의 분위기도 무거워졌다. 소련의 보이콧 발표가 나오자, 상황 판단이 빠른 사람들은 위버로스가 카스트로를 직접 만나 협상에 나설 것이라고 짐작했다. 직원들은 카스트로에 대한 정보를 요약해 보고서를 작성했다. '카스트로와의 만남을 성공적으로 이끌기 위해서는 그가 대화를 독차지하는 사람이라는 점을 기억해야 함. 한두 시간을 넘기면서까지 자기 혼자만 말하는 적도 종종 있음. 설교하기를 좋아하며 어떤 주제든, 때로는 회의 내용에 포함되지 않은 주제를 놓고도 설교를 늘어놓음.'

보고서의 내용은 충실했다. 이는 곧 카스트로만큼 극단적이지 않지만 자존심이라면 누구에게도 뒤지지 않는 위버로스에게 힘든 협상 과제가 기다리고 있다는 뜻이기도 했다. 그는 하나씩 철저하게 준비를 갖춰갔다. 그러면 이제 무엇을 해야 할까?

보고서 제출 당일 아침, 나는 하비 실러Harvey Schiller 박사가 준비한 별도의 보고서를 포함시켰다. 당시 현역 공군 대령으로 조직위원회에 파견되어 권투 종목 일을 돕고 있던 실러 박사는 그의 군대 경력을 증명하듯, 위버로스 대표단이 쿠바에 갔을 때 도착할 가능성이 높은 비행장에 관한 정보까지 포함해 자세한 내용들을 보고서에 적어 넣었다.

베트남전쟁에 참전했던 조종사이자 화학과 박사 출신인 실러는 상세한 정보를 다루는 데 일가견이 있었다. 그는 위버로스에게 필요한 것이 무엇인지 알고 있었다. 그리고 군대와 화학 분야에서 경력을 쌓은 사람만이 할 수 있는 방법으로 위버로스를 도왔다. 더 많은 정보와 철저한 준비를 통해 난감한 상황을 맞이할 가능성이 적어질수록 협상이 성공할 가능성은 점점 높아진다는 사실을 관련자 모두가 잘 알고 있었던 것이다.

그 일이 진행되고 있었을 때 나는 20대 중반이었다. 솔직히 말해 나는 좀 들떠 있었다. 예전에는 소련이니, 쿠바니 하는 말들은 책에서나 보던, 나와는 무관한 별개의 단어일 뿐이었다. 하지만 이제는 협상의 현장에서 그들을 손들게 하는 일에 직접 관여하고 있었다. 그때는 잘 몰랐지만 지금은 분명히 알고 있다. 성공하는 사람들은 그럴 수밖에 없는 상황이 아니고서는 즉흥적으로 일을 처리하지 않는다는 사실을 말이다. 협상에서의 준비, 즉 상대방에게 약점을 잡히지 않도록 미리 준비하는 것은 일의 성공에서 매우 중요하다. 이는 스포츠 업계에서 경력을 쌓아가면서 늘 절감하고 마음에 새기게 된 교훈이다.

위버로스에게 전달된 쿠바 지도자에 대한 정보는 다음과 같이 이어졌다. '만일 카스트로가 한참 말하고 싶은 분위기에 있다고 생각되면 그의 말을 끊지 말 것. 때로는 갑자기 마음을 열고 대화에 응하기도 함. 알아서 상황을 판단해야 함.' 이 정보에 따라 위버로스는 일단 제1안을 어떻게 준비해야 할지, 여의치 않을 경우 제2안을 언제 실행해야 할지 감을 잡을 수 있었다.

준비를 하려면 반드시 갖춰야 할 것, 갖추면 좋은 것, 갖추면 정말 좋은 것이 무엇인지 미리 알아야만 한다. 좀 더 공식적인 표현으로 말하면 최대 양보점 또는 저항점walk-away point, 타깃target, 목표goal를 말한다. 지도를 더 크게 만들수록 원하는 지점에 도달하는 길을 한눈에 볼 수 있듯이, 협상도 계획을 크게 세워야 한다. 협상은 크로스컨트리 대회를 앞둔 선수의 시각으로 바라봐야 한다. 단거리 경주에서는 주로가 눈앞에 일직선으로 뻗어 있고 그 위를 가능한 한 빨리 달리기만 하면 되지만, 크로스컨트리 경주에서는 코스가 눈앞에 보이지 않는다.

위버로스에게 전달된 보고서에는 카스트로의 성격에 대해서도 깊이 있는 정보가 담겨 있었다. '아부는 누구에게나 유용하게 적용할 수 있는데 카스트로에게는 더더욱 그러함. 카스트로의 운동선수로서의 기량과 그의 지도 아래 있는 선수들의 뛰어난 능력을….' 카스트로의 운동선수 경력은 오늘날까지 확실히 밝혀지지 않았지만, 그가 뉴욕 양키스(워싱턴 세너터스라는 설도 있다) 트라이아웃 tryout(공개선발)에 좌완 투수로 참가했다는 이야기도 있다. 과연 카스트로는 진실을 밝혀줄까?

당신의 협상 상대는 누구인가?

카스트로가 스포츠를 조국의 안녕과 행복을 위한 중요한 요소로 생각하고 있다는 점은 명확했다. 카스트로와의 만남을 준비하는 데서 중요한 점은 쿠바 문화에 대한 이해였다. 한때 여행사임원으로 일했던 위버로스는 문화에 관심이 많았고 자연스럽게 상당한 수준의 지식을 갖추고 있었다.

국제적인 협상 자리에 나서려면 협상하는 상대의 문화와 관련된 협상 스타일에 대해 시간을 내서 배우고 이해해야만 한다. 그와 동시에 여기서 찾아낸 그 어떤 설명도 절대적인 사실로 받아들여서는 안 된다. 미국 사람이 '미국 스타일'이라는 고정관념에서 비롯된 평가를 싫어하듯이, 다른 문화권의 사람들도 그들 문화에 대한 정형화된 평가나 단정을 좋아하지 않는다. 따라서 알고는 있으되, 추측해서는 안 된다.

예를 들어 국적은 중국인데 하버드 경영대학원에서 공부하면서 자신의 스타일을 습득한 여성 딜메이커가 있다고 하자. 어쩌면 이 여성은 상대방을 알아가기 위해 함께 어울리는 데 긴 시간을 투자하기보다는 가능한 한 빨리 거래를 성사시키고 베이징으로 돌아가고 싶어 할지도 모른다.

협상을 다룬 대부분의 서적들은 '교차문화적 협상cross-cultural negotiations'이나 '성별에 따른 영향'을 별도 항목으로 다루고 있다. 자세한 내용은 나중에 다루도록 하겠다. 하지만 스포츠 비즈니스를 하다 보면 모든 협상이, 설사 협상 실무자들의 출신 도시와 성별이 모두 같다고 해도 잠재적으로 서로 다른 문화적 배경이나 성별 차이에 대한 문제가 깔려 있다는 점을 절실하게 느낄 수밖에 없다.

물론 도미니카공화국의 야구 선수 부모와 협상을 앞두고 있다면 그 나라의 문화적 배경을 파악할 필요가 있다는 사실은 쉽게 알 수 있다. 하지만 상대가 둘 다 똑같이 네브래스카 주 출신이라 해도, 농장에서 성장해 장차 미국여자프로농구WNBA 스타가 될 소녀와 자선행사 주최 장소로 사용하기 적합한 골프장의 소유주가 지닌 문화적 배경은 다를 수밖에 없다. 따라서 출신 지역 외에도 세세한 배경에서 비롯되는 차이에 대해 충분히 인식하고 있어야 한다.

마찬가지로 당신이 어떤 남자 선수와 계약하려고 하는데 그 선수의 에이전트가 되느냐 마느냐를 결정짓는 수문장 역할을 하는 사람이 그 선수의 어머니라면, 그 어머니와 관련된 세세한 사안들에 대해 알아두는 편이 좋다. 협상하는 상대의 스타일, 문화, 성별, 그리고 독특한 성격이나 버릇에 대해 최대한 많은 것들을 알아두어야 한다. 협상을 위해 국제선 비행기에 탑승하는 순간, 국제전화 번호를 누르는 순간, 이성인 상대방의 얼굴을 마주하게 되는 마지막 순간까지 기다리지 말고 미리 정보를 파악해두도록 하라.

솔직히 말해서, 당신이 미국에서 어느 누구와 협상을 할 때도 여전히 인종과 성별에 대한 고정관념과 차별적인 언어 및 행동 등 조심해야 하는 문제들이 존재한다. 이런 지뢰들을 피해가려면 철저하게 계획을 세워야 한다. 협상 과정에서 불거질 수 있는 민감한 주제나 신중하게 고려해야 할 사항들은 준비 단계에서 미리 정리하도록 하라.

협상에서 무엇을 얻어낼 것인가?

보이콧 문제가 부각되면서, 나는 권투 관련 문제점들을 직접 이해시키기 위해 함께 쿠바에 갈 수 있느냐는 요청을 받았다. 물어보나 마나 뻔한 얘기였다. 피델 카스트로와 마주앉을 수 있다면, 아니 그냥 같은 방에 있을 수 있다는 것만으로도 흥분되는 일이었다. 하지만 나는 상사를 설득하지 못해 결국 빠지게 되었고, 대신 소규모 파견단을 구성해 보내기로 결정됐다. 카스트로 관련 업무는 더 이상 하지 않게 되었지만 그래도 나는 여전히 '대기조'로 남아 있었다.

다른 사람들의 말을 종합해보면 권투와 야구 종목에 관한 자세한 정보, 그리고 쿠바 대표단에게 제공할 철저한 보안 등을 포함해 협상은 완벽하게 진행되었다고 한다. 몇 년이 지난 후 나는 위버로스에게 그 협상에 관해 물어보았다. 협상이 있은 지 시간이 꽤 흘렀음에도 불구하고 그의 목소리에는 여전히 흥분이 묻어 나왔다. "내가 카스트로와 어떻게 담판을 지었는지 알고 싶다고?" 훗날 페블비치 골프장을 사들이고 메이저리그MLB 커미셔너를 지냈으며 미국올림픽위원회USOC 집행위원장으로 선출됐던 사람의 입에서 나온 말이다.

사실 본연의 임무를 잘 수행했다고는 하지만 위버로스와 대표단은 카스트로를 올림픽에 참여하도록 설득하는 데는 실패했다. 그들의 계획에는 카스트로를 창의적인 사람으로 보이게 만든다는 내용도 포함되었다. 아마도 3, 4안 혹은 5안으로 준비했을 것이다. 올림픽에 쿠바를 참가시킨다는 작전 계획에 따라 일단 1안을 전달했고, 그것이 통하지 않자 위버로스는 카스트로에게 '야구팀만이라도 보내달라'고 제안했다. 지금도 여전하지만 당시 쿠바 야구팀 선수들 중 일부는 세계 최고의 기량을 갖추고 있었다. 쿠바 정부가 망명에 대한 두려움만 극복한다면 은메달은 물론 금메달까지도 노릴 수 있는 야구팀을 올림픽에 참가시켜 엄청난 효과를 볼 수 있었다.

하지만 그 제안 역시 받아들여지지 않았다. 쿠바는 여전히 소련에 의존하는 관계를 유지하고 있었고, 위버로스가 그것을 극복하기는 어려워 보였다. 그러나 조직위원회가 쿠바와의 협상에서 확실하게 승리를 거둔 부분도 있다. 아마도 6안이나 7안이었겠지만 그 협상에서 상당히 중요한 역할을 하는 내용이었다. 아프리카에 큰 영향력을 미치는 카스트로에게서 아프리카 국가들에게 올림픽에 불참하도록 사주하지 않겠다는 약속을 받아낸 것이다. 당시 올림픽조직위원회는 올림픽 최다 참가국을 목표로 노력을 기울이고 있었다.

종합적으로 따져보면 우리 입장에서는 최상의 결과를 이끌어내기 위해 모든 방법을 다 사용할 수 있었기에 상당히 만족스러웠다. 준비가 철저했다고 할 수 있다. 비록 협상을 성공시키지는 못했지만 승리를 위해 최대한 기회를 살리도록 노력을 기울였다고 생각하고 싶었다. 패하고도 자신감을 유지한 채 나오는 모습은 자신이 모든 것을 철저하게 준비했다는 사실을 확신할 때만 가능하다.

무엇을 협상할 것인가? - 협상 안건의 설정

협상에서 중요한 한 가지 일은 구체적인 안건을 설정하는 것이다. 즉, 협상에서 실제로 대화를 주고받기 전에 안건들을 어떤 순서로 다룰지 결정한다. 이는 최종적으로 가능한 최상의 결과를 이끌어낼 수 있는 전략의 핵심이다. 상세한 협상 계획을 세울 때는 협상의 출발점에서 자신이 원하는 결과에 도달할 수 있는 세부적인 지침 또는 로드맵을 수립하는 것이 중요하다. 물론 협상 상대도 대화를 자신에게 유리한 방향으로 이끌어나가도록 안건을 설정하고자 할 것이다.

여기서 중요한 부분은 보통 전체적인 안건을 정하는 것이지만, 다루게 될 주제들의 순서를 제시하는 등 좀 더 세세한 안건을 결정할 때도 종종 있다. 이 자체만으로도 본론으로 들어가기 전 맛보기 협상이 될 수 있다. 또한 주제의 순서를 정한다는 것은 협상의 해결책을 찾기 위해 쌍방이 어떤 안건을 중요하게 생각하고 있는지 알아낼 수 있는 길이기도 하다. 안건 설정에 얼마나 많은 시간을 들여야 할지, 아니면 아예 안건 설정 자체가 문제가 될지 어떨지는 상황에 따라 달라진다.

만일 차고에 있는 중고차의 가격을 결정하는 문제라면 굳이 안건을 설정할 일도 없을 것이다. 하지만 수십 억 달러가 오가는 기업 합병 협상을 앞두고 있다면 협상 안건을 정하는 것은 양쪽 모두에게 이로울 수 있다. 예전에 나는 드래프트를 받지 못한 한 축구 선수를 위해 협상을 한 적이 있었다. 팀을 대신해 나온 협상 실무자와 나는 둘 다 협상 절차가 그리 복잡할 게 없다는 사실을 알고 있었다. 먼저 그 선수가 그 팀에 입단하는 데 동의하고, 그다음에는 입단 보너스 액수를 결정하면 되는 일이었다. 첫해 연봉은 최저 연봉을 받는 게 관행이었다. 그런 자리에서는 구체적인 안건이 필요하지 않다.

반면 소규모 스포츠 에이전시를 다른 대형 에이전시에 매각하는 협상 자리에 임했을 때는 초기에 안건을 설정하는 것은 물론,

1년 내내 그 안건에 대해 논의를 거듭한 후에야 거래가 성사된 적도 있었다. 협상에서 다룰 주제의 깊이에 따라 안건의 상대적 중요성도 달라진다. 협상의 주제가 복잡하면 할수록 안건의 중요성도 커진다.

결정적 인물은 누구인가? – 접근 방법의 선택

준비 단계에서 또 중요한 부분은 상대편의 결정권자에게 좀 더 긍정적으로 보이면서 자신의 위치를 내세우기 위해 취해야 할 움직임 혹은 태도를 결정하는 일이다. 예를 들어 당신이 적극적이고 확신에 찬 행동을 한다면 상대는 더 수용적인 태도를 보일까? 아니면 당신이 편안하고 느긋한 모습을 보일 때 상대가 더 수용적인 태도를 보일까? 미국프로농구NBA 샬럿 밥캐츠Charlotte Bobcats* 구단주 밥 존슨Bob Johnson이 벌인 협상을 보면 접근 방식이 얼마나 중요한지 잘 알 수 있다. 존슨의 사례는 의사결정자가 누구인지 아는 것이 매우 중요하다는 사실을 일깨워준다. 또한 성공적인 성과를 이끌어내면서 협상을 마무리할 수 있는 최적의 기회를 얻어낼 수 있는 방법도 보여준다.

앞서 피터 위버로스의 경우에는 당연히 카스트로가 의사결정자였다. 별다른 연구나 조사가 없어도 알 수 있는 일이었다. 하지

---

* 2014년 현재 샬럿 호네츠로 팀명을 바꿨다.

만 때로는 의사결정자를 조사하고 알아내는 데 오랜 시간이 걸리기도 한다. 그래도 그만한 시간을 투자할 가치는 충분하다.

다시 샬럿 밥캐츠의 이야기로 돌아가서, 2002년 밥 존슨은 노스캐롤라이나 주를 연고지로 하는 그저 그런 프로농구팀을 인수할 기회를 찾고 있었다. 그런데 새로운 팀을 원하던 사람이 그 말고도 또 있었다. 보스턴 셀틱스Boston Celtics 선수 출신으로 세계적인 명성을 쌓은 래리 버드Larry Bird였다.

존슨은 저명인사 자리를 놓고 싸워서는 버드와 경쟁 상대가 되지 않는다는 사실을 알고 있었다. 그리고 입찰 전쟁에 뛰어들어 가격만 올려봐야 NBA 구단주들에게만 이익이 될 뿐 누구에게도 도움이 되지 않는다는 사실도 잘 알고 있었다. 그럼에도 구단 인수권을 확보하기 위해 그가 사용할 수 있는 방법은 여러 가지가 있었다.

존슨은 BET(흑인연예텔레비전Black Entertainment Television)를 설립해 큰돈을 벌었다. 그는 이 점을 활용할 수 있었다. NBA에는 흑인 구단주가 한 명도 없었고, 존슨이 첫 흑인 구단주로 적임자라고 주장하는 해설자들이 많았다. 그는 경제적으로 부유했고 흑인이었으며 언론에 정통했다. 이 점에서는 아무리 명성이 높은 버드라도 그의 상대가 되지 못할 것이었다.

당시 존슨은 미국의 엔터테인먼트 회사 비아콤Viacom의 섬너 레드스톤Sumner Redstone 회장에게 BET를 매각하면서 벌어들인 수십 억 달러로 NBA 구단 인수같이 다른 일을 할 기회를 찾고 있었다. 그는 과거 구단 인수 대금을 알아보는 등 인수와 관련해 조사를 하다 보니 시장이 어느 정도의 선에서 돌아가는지도 알게 되었다. 하지만 이번 거래를 준비하는 과정에서 그는 다음과 같은 질문을 던졌다. '과연 이 협상에서 최종 의사결정자는 누구이고, 내가 최적의 인수자라는 사실을 그 의사결정자에게 납득시키려면 어떻게 해야 할까?'

이해 당사자들을 따지자면 여러 위원회들도 있었고 구단주 일당들도 있었으며, 때로는 거래에 영향력을 행사하는 개별 구단주들도 있었다. 그러나 NBA 비즈니스에 대해 아는 사람이라면 대부분의 의사결정에서 커미셔너 데이비드 스턴David Stern의 입김이 가장 세다는 사실을 알고 있었다. 존슨이 상대할 카스트로는 스턴이었던 것이다.

존슨은 속사정에 밝은 사람들과 조심스럽게 대화를 나누며 이 정보를 알아냈다. 그리고 스턴을 어떤 식으로 상대하는 게 가장 좋을지 비법을 알려줄 수 있는 사람을 구하고자 했다. 위버로스가 카스트로를 상대로 그랬듯이, 이 사례에서도 협상을 승리로 이끌기 위해서는 자기와 마주 앉은 상대방에 대해 최대한 알아내는 것이 중요했다.

다행히도 존슨은 피닉스 선즈Phoenix Suns의 구단주 제리 콜란젤로Jerry Colangelo와 예전부터 친분이 있었다. 당시 스턴과 가까운 사이였던 콜란젤로가 존슨에게 건넨 조언은 간단했다. "밥, 지금까지 했던 것처럼 계속 하면 돼. 시끄럽게 하지 말고 조용히 있게.

프로의 팁

일단 자신의 위치에 대해 분석을 끝내라.
그다음에는 맞은편에 앉아서 완강한 태도로 당신을 상대할
사람의 위치에 대해 분석하라.

− 데이비드 포크David Falk −
마이클 조던의 에이전트

그리고 진득하게 계속하라고. 사람들과 대화를 나누면서 우리가 하는 걸 보고 배우게나."

존슨은 콜란젤로의 말대로 했다. 그는 두드러진 행동을 삼가면서 인종 문제에 관해 결코 목소리를 높이지 않았다. 그리고 그해 가을, 존슨은 샬럿 구단주 자리에 올랐고 나중에 밥캐츠로 팀명을 바꿨다. 이 거래에서 존슨이 버드 같은 거물급을 상대로 이길 수 있었던 이유는 준비 과정을 거치는 동안 누가 핵심적인 의사결정자인지는 물론, 그 의사결정자를 상대하는 최상의 방법을 알고 있었기 때문이다.

당신에게 제리 콜란젤로 같은 역할을 해줄 사람은 어디서나 찾을 수 있다. 예를 들면 협상 상대의 과거 동료나 구글 같은 검색 엔진을 통해서도 당신이 만나는 사람이나 회사에 대해 빈틈없는 정보를 제공받을 수 있다. 이렇게 알아낸 정보가 얼마나 믿을 만한지 확인하고 이를 어떻게 활용할지를 결정하는 것은 당신의 몫이다. 최상의 정보는 과거에 직접 경험을 통해 알아낸 정보 혹은

협상 상대의 과거에 대한 정보다. 그다음이 콜란젤로 같은 내부자에게서 얻어내는 정보다.

완벽한 준비만이 확실한 성공을 보장한다

나는 베이비부머 세대로 LA에서 자랐다. 어린 시절에는 종목이나 계절에 관계없이 운동에 빠져 살았다. 어렸을 때는 그저 경기에서 뛰고 싶다는 생각밖에 없었다. 당시 남부 캘리포니아에서 자란 우리 세대 중에서 혹시 스포츠 쪽으로 조금이라도 진로를 고민해본 사람치고 이 두 사람의 영향을 받지 않은 사람은 없을 것이다. 바로 UCLA 농구팀 감독인 존 우든과 로스앤젤레스 램스LA Rams의 수석 코치 조지 앨런George Allen이다. 이들뿐 아니라 스포츠계를 거쳐간 사람들이 수년간 거두었던 모든 성공을 관통하는 한 가지 공통점은 바로 준비였다.

이해를 돕기 위해, 이 중에서 좀 더 유명한 존 우든에 대해 살펴보도록 하자. '준비' 하면 빼놓을 수 없는 사람이 바로 우든이다. 그의 성공 비결이 무엇이었는지, 그 비결 중에서 비즈니스와 일상에 적용할 수 있는 점들이 무엇인지 알아보기 위해서는 12시즌 동안 NCAA(전미대학농구선수권) 챔피언십 10회 우승을 달성한 이 남자를 주목하지 않을 수 없다. 우든의 성공은 경영 및 지도력을 다룬 여러 책에서 이미 소개된 바 있지만 그의 지도력은 최고 수준의 협상 전략에도 적용할 수 있는 부분이 많다. 설사 그가 피델 카스트로나 데이비드 스턴 같은 사람들을 만났어도 성공적인 협상을 이끌어냈으리라고 생각될 만큼, 철저한 준비에 집중했던 그의 전략에 대해 알아보자.

우든이 매 시즌을 시작하면서 던지는 유명한 말이 있다. "여러분, 오늘은 신발과 양말을 제대로 신는 법에 대해서 알아보겠다." 아마도 당신은 '내가 지금 양말이라고 들었나?'라며 반신반의할지 모른다. 누구나 신발 끈 묶는 법을 배우기 전에 양말 신는 법부터 배우기 때문이다.

그러나 우든은 양말을 제대로 신지 않으면 발이 편안하지 않고 결국 양말과 발이 마찰을 일으킨다는 사실을 알았다. 그러면 발에 물집이 생기고, 이는 곧 선수가 편안한 상태에서 제 기량을 충분히 펼치지 못하게 된다는 뜻이다. 만일 그 선수가 선발, 그중에서도 루 알신더Lew Alcindor(카림 압둘-자바Kareem Abdul-Jabbar의 본명-옮긴이)나 빌 월튼Bill Walton 같은 스타급 선수라면 경기 결과에 막대한 영향을 끼치고 최익의 경우 시즌 우승을 놓칠 수도 있다.

우든은 선수들에게 체육 시간에 운동장에 우르르 달려 나가듯 서두르지 말고 양말을 끝까지 올려 신은 다음 신중하게 신발 끈을 묶도록 했다. 특히 발가락과 발뒤축에 양말이 접히거나 말린 부분이 없도록 잘 펴서 신도록 했다. 그리고 시즌 초가 되면 늘 선수들의 신발 사이즈를 확인했다. 코트에서 달리고 멈추기를 반복하는 선수들이 제대로 맞지 않는 신발 때문에 발에 물집이 생기는 사고가 발생하지 않도록 하기 위해서였다. 우든은 "빨리 대

전설의 UCLA 농구팀 감독 존 우든

열정을 기울여 준비하라

충 하기보다는 생각을 하면서 정확히 하는 게 저는 좋습니다"라고 말한다. "그렇지 않으면 최선의 방법을 준비하는 데 있어 완벽을 기하지 못할 테니까요."

가급적이면 초기 단계, 즉 일을 시작하기 전 준비 단계에서 세부 사항을 전달할 필요가 있다. 이는 우든이 전략을 구상하기 훨씬 이전에 준비 단계에서 항상 실시하는 일이기도 하다. 어쩌면 여러 면에서 전략의 일부분이기도 했다.

그렇게 준비를 마치면 우든은 경기가 막바지로 치닫는 순간까지도 전혀 타임아웃을 요청하지 않음으로써 선수들에게 무한한 신뢰를 보냈다. 심지어 박빙의 순간에도 우든은 팀이 완벽하게 준비되어 있다는 사실, 선수들이 승리를 쟁취할 능력을 갖추었고 따라서 작전을 완벽하게 수행할 수 있다는 사실을 선수들 스스로 느끼기를 바랐다. 이것이 모든 과정을 통해 우든이 원했던 목표였다. 우리에게도 이런 수준의 준비가 필요하다.

우든 같은 성공적인 감독들은 준비의 중요성뿐 아니라 경기 시작 훨씬 전부터 반드시 취해야 할 움직임에 대해 귀중한 가르침을 제공한다. 물론 우든의 준비는 협상이 아니라 경기를 위한 것이었지만, 협상이나 경기 모두 그 과정에서 일어나는 심리 작용과 활동에 미치는 영향은 조금도 다르지 않다.

우든이 생각하는 준비란 완벽한 실행에 이르는 길이었다. 위버로스의 협상 준비와 관련해 자주 언급된, "준비하지 않는 것은 실패를 준비하는 것과 같다"는 그의 말은 우리 모두에게 깊은 울림을 전한다. 그는 또 이런 말도 했다. "나는 여러분이 모든 준비를 마치고 준비한 그대로 기량을 펼치는 한 상대방이 여러분보다 더 잘한다고 해도 전혀 문제될 게 없다고 믿는다. 여러분은 할 수 있는 걸 다 했다."

상황마다 승리의 의미가 다를 수는 있지만, 어쨌거나 준비는 승리를 위한 가장 좋은 위치를 차지하게 해준다. 카스트로는 자신의 마음을 바꾸지 않아도 될 만큼 더 나은 위치에 있었다. 밥 존슨의 경우는 승리를 바라볼 수 있는 여지가 있었다. 누구나 자기에게 주어진 패를 가지고 협상할 수밖에 없다. 다만 그 패를 잘 활용해, 자기에게 가장 유리한 상황이 되도록 모든 수단을 동원하는 것이다. 우든이 제시하는 주장도 마찬가지다. 기본에 집중하는 것이 중요하다.

농구의 전설 마이클 조던의 에이전트였던 데이비드 포크는 "선수 대변하는 일을 아무리 오래했다고 해도 늘 준비를 철저히 한다. 협상을 앞두고 목표 달성에 필요한 접근 방식을 다각적으로 연구하면서 준비에 많은 시간을 투자한다"고 말했다. 포크는 이미 많은 경험을 쌓았음에도 불구하고 매번 협상에 나서기 전에 가장 기본이 되는 문서, 즉 단체교섭협약collective bargaining agreement 규정 검토로 준비를 시작한다.

스타급 선수들과 일류 에이전트들을 대리하는 스포츠 전문 변호사 W. 데이비드 콘웰W. David Cornwell은 협상 전이면 며칠 전부터 매일 늦은 시각까지 관련 서류들을 검토한다. 협상 자리에서 어떤 대화가 이루어질지 모르지만 협상에 임하는 그의 마음은 준비를 마쳤다는 자신감으로 가득하다.

'한 뼘의 차이'로 죽을 수도 있다

슈퍼볼 4회 우승을 달성한 척 놀Chuck Noll 감독은 선수들에게 "챔피언이 챔피언인 이유는 특별한 걸 잘해서가 아니라 평범한 걸 남들보다 잘하기 때문"이라고 말한 적이 있다. 준비에 대한 우든의 철학과 연장선상에 있는 표현임에 틀림없다. 기본을 완전히 익히기까지 시간을 들이지 않으면 평범한 것조차 할 수가 없다. 자신이 가장 잘할 수 있는 것을 숙달하라.

역시 슈퍼볼 우승 감독인 토니 던지Tony Dungy는 피츠버그 선수 시절 척 놀 감독에게서 이 말을 듣기 몇 해 전에 미네소타대학 감독 칼 스톨Cal Stoll에게서 그와 유사한 말을 들은 적이 있다. "성공은 특별한 것이며 보통 사람들이 즐길 수 있는 것이 아니다. 내가 원하는 건 성공이지, 평범함이 아니다. 그래서 나는 특출한 사람을 찾는다."

성공한 운동선수를 말할 때 빠지지 않고 나오는 말이 세세한 부분을 준비하고 집중하는 데는 분명한 패턴이 있다는 말이다. 대학 선수 시절에 이 말을 들은 던지는 준비 단계에서 비범한 노력을 기울임으로써 천부적으로 특출하지 않은 선수도 부족함을 극복할 수 있다는 사실을 알았다. 이를 협상에 비교하자면 방대한 단어 암기 능력이나 정확한 기억력 또는 그와 비슷한 재간을 타고 나지 않아도 노력으로 잘할 수 있다는 말이다.

던지는 자서전에 이렇게 썼다. "타고난 능력 덕분에 특출한 선수들이 있다. 야오 밍의 신장, 마이클 조던의 수직 점프력은 신이 내린 축복이다. 한편 비범한 경지에 오르기 위해 노력해야만 하는 선수들도 있다. 시카고 불스의 스티브 커Steve Kerr는 특출한 선수가 되기 위해 하루에 500개씩 자유투를 던졌다." 누구나 스티브 커처럼 할 수 있고 토니 던지가 될 수 있다. 준비라는 힘을 빌려 우리도 비범한 경지에 도달할 수 있다. 당신도 그 평범하지 않은, 특별한 길을 향해 나설 것인가?

앞으로 우리는 다른 사람들보다 한 발 더 앞서가고 성공의 정상에 이르기 위해 어떤 도구를 준비해야 하는지 알아갈 것이다. 남들보다 앞서 성공의 정상에 이르는 것은 사실 흔치 않은 일이다. 그러나 넓은 의미에서 보면 우리가 해야 할 일은 결국 자신을 더 잘 이해하고 준비하는 것뿐이다.

이 일이 간단해 보이는가? 하지만 그렇지 않다. 정말로 힘든 일이며, 많은 헌신과 수고와 노력이 필요한 일이다. 토니 던지는 작은 것들의 중요성, 즉 집중력을 유지하며 준비하는 과정이 얼마나 중요한지를 선수들에게 납득시킨다. 그는 팀이 작은 부분에 집중하는지 확실히 하기 위해 아주 사소하고 자세한 부분까지 강조하고 그 부분의 실행을 강조한다. 일명 '한 뼘 차이에 의한 죽음death by inches'을 강조하며 팀이 집중하도록 하는 것이다.

프랭크 시나트라가 주연한 영화 「탈주 특급Von Ryan's Express」의 마지막 장면을 보면 근소한 차이에 의한 죽음이 어떤 것인지 알 수 있다. 제2차 세계대전이 끝나갈 무렵, 연합군 포로들은 급하게 독일군의 수송열차 탈취 계획을 세운다. 그리고 마침내 포로들은 열차를 탈취해 올라타고 마지막으로 시나트라가 열차를 쫓아가며 동료를 향해 손을 뻗는다. 동료와 손을 잡는 순간, 시나트라는 추격해오는 독일군에게서 벗어나 자유의 몸이 될 수 있었다. 하지만 동료의 손과 한 뼘 정도를 남겨놓은 상황에서 그는 독일군이 쏜 총에 죽음을 맞이하고 만다. 열차에 올라타는 계획에 조금만 더 집중했더라면 목숨을 건지고 탈출에 성공할 수 있었을 것이다. 그것이 바로 한 뼘 차이의 죽음이다.

정확하면 정확할수록 성공할 확률도 높아진다. 물론 비즈니스 협상에서 단 한 번의 실수로 죽음을 맞이하지는 않겠지만, 때로는 차라리 죽었으면 하고 바랄 날이 올 수도 있다. 토니 던지 감독이 선수들에게 심어주고자 하는 것도 바로 슈퍼볼 우승을 위해 필요한 '정확성'이다.

상대가 당신을 신뢰하게 하려면

협상 상대의 눈에 비친 당신의 신뢰도 또한 놓치지 말고 집중해야 하는 작은 부분이다. 신뢰도는 두 가지 측면에서 중요하다. 개인적인 신뢰도, 그리고 협상 테이블에 올라온 정보의 신뢰도

다. 당신의 신뢰도가 높을수록 협상 상대는 당신을 더욱 존중하게 된다.

신뢰를 높이기 위해 당신의 족보나 경력을 낱낱이 밝힐 필요는 없다. 하지만 협상 상대가 당신이 누구인지, 당신이 어떤 경험이나 경력을 가지고 있는지 모른다면 협상에 차질이 생길 수도 있다. 협상 초반, 자신이 어떤 사람인지를 알려주는 단계는 신뢰 구축에 아주 중요한 시기다. 협상 주제와 관련된 지식, 성공할 확률, 주변에 알고 지내는 사람 등 당신에 관한 정보를 알려서 신뢰를 쌓아가야 한다.

이렇게 구축된 신뢰는 협상에서 큰 이익을 얻고 더 의미 깊은 상호 교류를 이끌어내는 작은 걸음이 된다. 당신이 전하는 정보의 신뢰성에 대해 더 자신감을 갖도록 하라. 그리고 당신이 공급받은 정보에 대해 가능한 한 구체적으로 설명하라.

앞서 피터 위버로스와 밥 존슨은 개인적 신뢰도 구축을 위해 특별히 노력할 필요가 없었다. 하지만 대부분의 사람들은 이 부분에 노력을 기울여야 한다. 한편 협상 관련 주제에서는 두 사람 모두 노력할 부분이 있었다. 위버로스는 경기의 안전 부분에서, 존슨은 과거 구단 매각 대금과 관련해서 처리해야 할 문제들이 있었다. 당신의 개인적 신뢰도뿐 아니라 당신이 이야기하는 정보를 상대방이 신뢰할 수 있도록 계획을 세워라.

예상대로 모든 일이 풀린다고 기대한다면 준비는 간단한 문제다. 하지만 예상치 못한 상황에 대해 완벽한 준비를 갖춘 적이 과연 몇 번이나 있는가? 우리는 긍정적인 상황뿐 아니라 부정적인 상황에 대해서도 준비해야만 한다. 상대방은 당연히 모르겠거니 했던 정보를 상대방이 알고 있을 수도 있다. 우리가 예상하지 못했던 옵션을 상대방이 제시할 수도 있다. 그렇기 때문에 최악의 경우 어떤 일이 일어날지, 그러면 어떻게 반응해야 할지 생각하는 데 시간을 충분히 투자해야 한다.

물론 이런 노력은 대개 에너지만 소모시키고 끝나는 경우가 대부분이다. 하지만 만일 한 번이라도 그런 경우가 발생한다면, 예를 들어 상대방이 "10분 이내에 결정을 내리지 못한다면 다른 업자를 찾아보겠소"라고 한다면 상황이 달라진다. 당신이 이에 충분히 대비해둔 상태라면 당신의 성공 확률이 얼마나 올라갈지 상상해보라.

상황이 허락하는 한 A안, B안을 넘어 가능한 모든 안을 완벽하게 준비하라. 명예의 전당에 이름을 올린 빌 월시Bill Walsh 감독은 경기에서 발생할 수 있는 상황들, 즉 "경기 막바지에 승리를 거머쥘 수 있는 모든 상황, 심지어 기회가 단 한 번 남아 있는 절박한 상황"까지도 모두 대비하려고 노력했다.

전략을 구사하기 위한 '기본'으로서의 준비

계획을 세우고 싶은 것이 정확하게 무엇인가? 이제부터는 지금까지 언급했던 부분들을 더 자세히 설명할 것이다. 앞서 우리는 협상 주제와 관련자들에 대해 모든 정보를 숙지하고 문화적, 인종적, 성별 차이에 집중하며 작은 부분들에 초점을 맞추고 최악의 경우를 고려해야 한다는 사실을 살펴보았다.

이런 개괄적인 기본 사항들 외에도 거쳐야 할 단계들이 있다. 일단 뒷장에 수록한 협상전략계획표Negotiation Game Plan Worksheet 견본을 살펴보자. 그리고 협상을 준비할 때마다 이것을 작성해보고 계획을 세울 때 참고하도록 하라. 이 견본을 완벽한 전략계획표로 여겨서는 안 된다. 일반적인 참고용으로 사용할 수는 있다. 복사본을 만들어두었다가 협상을 준비할 때마다 한 장씩 꺼내서 사용하도록 하자.

어떤 경기에서 상대 팀에게 잘 통하는 공격 패턴이 있듯이, 기본은 시작 단계일 뿐이다. 작전이란 것은 기본을 그 팀의 선수들에게 어울리도록 잘 변형시켜 활용할 때 성공할 확률이 커진다. 완벽한 한 가지 전략만 생각하는 사람은 거의 없다. 자신에게 잘 맞고 효과가 있도록 계획표를 수정하면 더욱 큰 성공을 거둘 수 있다.

협상의 달인으로 거듭나기 위한 지침

협상전략계획표

1. 내가 조사한 바에 따르면 가능한 결과 또는 합의 가능 영역은
   _____(이)다.

2. 내 협상 스타일은 _____(이)다.

3. 내 상대의 협상 스타일은 _____(이)다.

4. 나에 관한 신뢰성 평가는 _____(이)고,
   내 위치에 관한 신뢰성 평가는 _____(이)다.

5. 이런 _____
   같은 문화적, 인종적, 성별 문제는 이번 협상에서 중요할 것이다.

6. 이번 협상에서 내가 바라는 안건은
   _____(이)다.

7. 이번 협상에서 내 목표는
   _____(이)다.

8. 이번 협상에서 내가 발을 빼는 시점은
   _____(이)다.

9. 이번 협상에서 내가 겨냥하는 타깃은
   _____(이)다.

10. 내가 먼저 제안을 내놓을 계획이 있다/없다.
    만약 내가 최초 제안을 하게 된다면 그 제안은
    _____(이)다.

11. 이번 협상에서 관계의 역할은

_____(이)다.

12. 이번 협상에서 레버리지는

_____(이)다.

13. 나의 주된 전략은

_____(이)다.

14. 나의 두 번째 전략은

_____(이)다.

15. 나의 세 번째 전략은

_____(이)다.

16. 나의 네 번째 전략은

_____(이)다.

17. 이상적인 장소(음식점, 다과가 준비된 회의실, 전화 통화)는

_____(이)다.

18. 협상에서 상대가 사용할 가능성이 높은 기준점reference point은

_____(이)다.

19. 내가 필요한 정보를 얻기 위해 물어볼 질문은

_____(이)다.

20. 이 협상이 실패로 돌아갈 경우 내 선택은

_____(이)다.

2.

자신의 스타일을 고수하라

플레이를 잘하고 못하고는 중요하지 않다.
중요한 것은 경기에서 이기느냐 지느냐, 자신이 최고냐 아니냐.

- 조지 앨런 -
워싱턴 레드스킨스, 로스앤젤레스 램스 전 수석 코치

자신의 스타일을 고수하라

플레이를 잘하고 못하고는 중요하지 않다.
중요한 것은 경기에서 이기느냐 지느냐, 자신이 최고냐 아니냐다.

- 조지 앨런 -
워싱턴 레드스킨스, 로스앤젤레스 램스 전 수석 코치

"제 변호사 자격으로 함께 가주셨으면 합니다."

수화기 저편에서 이렇게 부탁하는 목소리가 들려왔다. "제가 연예기획사에 신설된 스포츠 부서를 맡게 됐습니다."

드디어 꿈에 그리던 일을 찾았다는 듯 말하는 이는 내 옛날 제자였다. 1990년대에 있었던 일이다. 전화를 건 사람은 펜실베이니아대학에서 내 수업을 들었던 학생이었다. 왜 이름을 밝히지 않는지는 곧 알게 될 것이다.

당시 그녀는 풍부한 재정적 지원을 등에 업은 신출내기 스포츠 에이전트로, 미식축구 드래프트에서 1차지명이 확실했던 어떤 아마추어 선수를 만나러 갈 준비를 하고 있었다. 평소에 나는 어떤 일을 맡기 전에 잠재고객과 이야기를 많이 나누는 편인데 이번에는 그 규칙을 지키지 못했다. 그저 교수 입장에서 생각했을 때 이번 동행이 재미있을 것 같았다. 게다가 옛 제자를 돕는다는 생각에 기쁘기까지 했다. 하지만 곧 협상가 입장으로 돌아가 생각해보니, 이번 일에 대한 준비가 미흡하다는 생각이 들었다. 마치 천사와 악마가 양쪽에서 하라와 하지 마라를 속삭이듯, 협상에 임할 때마다 맞닥뜨리는 고질적인 문제였다.

전화를 끊고 두 시간 후, 나의 옛 제자는 37번가와 스프루스 가街의 모퉁이에 있는 편의점 앞으로 나를 데리러 왔다. 그녀는 1980년식 BMW 3시리즈를 몰고 왔다. 나는 차에 올라타 뒷좌석 깊숙이 몸을 실었고 차는 뉴저지 주 뉴어크에 있는 저소득층 주택단지로 향했다.

"여기요, 교수님. 계약서 한번 보시죠."

그녀가 앞좌석 사물함에서 계약서가 들어 있는 서류 봉투를 꺼내 건넸다. 나는 무척 놀랐다. 왜 그랬는지는 모르지만 나는 계약서가 있을 거라는 생각을 하지 못하고 있었다. 이번 동행이 그저 잠재고객에게 잘 보이기 위한 방문이라고만 생각했고, 아직 선수를 설득하는 과정이라고 짐작했던 것 같다. 어쩌면 그때가 시즌이 막바지에 이른 시기였고, 미국대학체육협회National Collegiate Athletic Association, NCAA 규정에 따라 에이전트와 선수 간에 거래를 하거나 서명을 했을 개연성이 없다고 생각해서 그렇게 놀랐는지도 모른다. 시즌 막바지에 서명한 계약서는 효력을 발휘하지 못한다.

도대체 내가 무슨 일에 끼어든 것이란 말인가? 그렇다. 이 경우는 준비도 하지 않은 상태에서 덤벼들면 어떤 결과가 초래되는지, 그리고 이런 함정에 인간이 얼마나 쉽게 빠져들 수 있는지를 잘 보여주는 사례였다.

나는 서류 봉투를 열었다. 봉투는 봉인되어 있지 않았다. 나는 계약서를 꺼내 읽다가 내 눈을 의심했다. '대리인은 선수 연봉의 십이 퍼센트(12%)를 받기로 한다'는 문구 때문이었다. 선수 노조가 허락한 스포츠 에이전트의 최고 수수료를 훨씬 넘어서는 금액이었다. 보통은 2~3퍼센트가 당시 관행이었다. 계약서도 갓 작성한 것인 데다가 시즌이 끝나가는 시점이라는 점을 고려할 때 여전히 협상의 여지가 있는 서류라는 생각을 지울 수 없었다. 나는 중간 내용을 생략한 채 서류의 맨 뒷장으로 넘어갔다. 그리고 아직 서류에 서명이 되어 있지 않은 걸 확인하고는 한숨을 돌렸다.

선수의 집까지 가는 길에 그녀에게 계약에 관해 자세히 설명해주면 최악의 상황은 피할 수도 있겠다는 생각이 들었다. 나는 우리가 협상하기 위해 만나는 거라고 생각했고, 그래서 내 도움이 필요한 자리라고 여겼다.

"참, 서명을 받아놓은 계약서는 따로 있어요. 물론 그걸 아는 사람은 아무도 없지만요."

그녀는 내가 급히 마지막 장을 확인하는 걸 보고는 이렇게 말했다. 내 얼굴 표정이 흐려지자 나를 안심시키려고 한 말이었다. 하지만 나는 뉴어크까지 가는 동안 그 말이 계속 머릿속에서 맴돌았다. 시간이 어떻게 지나가는지도 몰랐다. 도대체 내가 무슨 일에 끼어든 것이란 말인가? 서명을 받은 계약서가 존재한다는 사실에 마음이 꺼림칙했다. 그 계약서는 일방적으로 에이전트에게 유리하도록 작성됐기 때문에 설사 불법이 아니더라도 리그에서 그 계약서를 승인해줄 가능성은 없었다.

해가 질 무렵 우리는 한 아파트 건물에 도착했다. 극심한 불안감이 밀려왔다. 마치 "내가 한 짓이 아닌데"라는 변명도 하지 못한 채 오해를 받아 죽임을 당하는 드라마 속 악당이 된 듯한 기분이었다. 옛 제자와 함께 아파트로 들어가는 순간, 나는 그 선수의 가족들에게서 자신감이 넘쳐나는 분위기를 느낄 수 있었다. 각자소개를 하는 동안 그 자리를 책임지는 사람이 선수의 형이라는 사실을 알 수 있었다. 젊고 탄탄한 몸매에 안경을 쓴 그는 폭이 좁은 넥타이와 풀을 먹인 하얀색 셔츠를 입고 있었다.

"자, 모두들 식탁에 앉으시죠."

서른 살도 채 안 돼 보이는 그는 떡갈나무로 만든 기다란 탁자를 가리키며 당당한 태도로 말했다.

"우리는 집안의 모든 일을 여기서 의논합니다."

나는 남자 형제 두 명과 어머니가 있는 자리에서 어떤 식의 대화가 이루어질지 순간적으로 감이 왔다. 형제의 아버지는 그 자리에 없었다. 나와 제자, 선수, 선수의 어머니와 형이 자리에 앉았다.

곧 선수의 형이 입을 열었다.

"이 세상 어디서도 보기 힘들 만큼 이렇게 개판으로 계약서를 작성하시다니 참으로 대단하시군요."

정말 크게 한 방 먹이는 소리였다. 매일같이 싸움질로 단련된 사람과 한판 붙을 일이 생겼다고 해보자. 어떻게 할 것인가? 싸움이 시작되기 전, 자신이 불리하다 싶으면 기습적으로 먼저 주먹을 날려야 한다. 그러면 상대의 기를 꺾어놓고 싸움을 자기에게 유리한 흐름으로 바꿔놓을 수도 있다. 그날 대장 역할을 하던 그 젊은 이도 그랬다. 그는 명문 대학 출신의 광대 같은 두 인간에게 이용당할 의도가 눈곱만치도 없다는 점을 분명히 하고자 했다. 만일 그가 속에 있는 말을 솔직히 다 하도록 내버려뒀다면 아마도 이렇게 말했을 것이다. "개가 풀 뜯어 먹는 소리는 듣고 싶지도 않습니다. 이따위 웃기지도 않는 계약서를 들고 와서 계속 헛소리할 거면 아예 다 때려치웁시다."

그는 동생을 보호하려 했다. 그리고 먼저 우리에게 주먹을 날렸다. 그는 자신이 가장 잘할 수 있는 스타일을 선택했다. 자신은 편안함을 느끼고 우리에게는 불편함을 안겨주는 스타일이었다.*

---

* 스포츠와 관련이 없는 분야에서도 이와 유사한 예가 있다. 2007년 루치아노 파바로티(Luciano Pavarotti)가 사망했을 때였다. 나는 사람들과 함께 파바로티가 왜 그토록 뛰어난 성악가였는지에 대해 토론을 벌였다. 참고로 나는 오페라에 대해 잘 알지 못한다. 놀랍게도 사람들이 말하는 그의 위대함의 비결은 멋진 목소리도, 넘쳐나는 카리스마도 아닌 자신의 스타일과 능력에 가장 잘 어울리는 작품 선정에 있었다. 파바로티는 남들이 따라올 수 없는 음역을 자랑하거나 다양한 스타일을 소화할 수 있다는 걸 증명하려 하지 않았다. 그저 자신이 잘할 수 있는 작품을 골랐을 뿐이다(저자 주).

NFL 샌프란시스코 팀에서 처음으로 '웨스트 코스트 오펜스West Coast offense(공을 들고 뛰기보다 패스를 통한 공격을 더 강조하는 작전-옮긴이)'를 도입했을 당시 빌 월시 감독에게는 뛰어난 쿼터백이 없었다. 대신 적절한 재능을 갖춘, 특히 단거리 패스에 능했던 쿼터백 스티브 디버그Steve DeBerg가 있었다. 월시는 디버그의 능력을 파악하고 공격 전술을 그에게 맞췄다.

사실 웨스트 코스트 오펜스는 그렇게 해서 처음 생겨난 것이나 다름없다. 1970년대에 월시가 그 작전을 스탠퍼드대학교에서 실시했을 때 팀의 쿼터백이었던 가이 벤저민Guy Benjamin과 스티브 딜스Steve Dils는 각각 다른 능력을 보유하고 있었다. 그래서 월시는 그들에게 어울리도록 플레이를 변형시켜 실시했다. 지도자로 발을 들인 초기 시절, 신시내티 벵골스Cincinnati Bengals에서 버질 카터Virgil Cater가 쿼터백으로 있을 때도 마찬가지였다.

1960년대부터 협상과 분쟁 해결 전문가들은 사람들을 각각의 스타일에 따라 회피형avoider, 경쟁형competitor, 협력형collaborator, 순응형accommodator, 타협형compromiser의 다섯 가지 유형으로 나누기 시작했다. 이 다섯 가지 유형에 따라 사람들의 협상 스타일을 나눈다는 것을 듣고 나 역시 과거에 협상 자리에서 봤던 사람들을 각 유형으로 분류해봤다. 그리고 선수 시절 나를 지도했던 코치들과, 팀 전체의 이익을 위해 그들이 사용했던 각각의 지도 스타일에 대해서도 생각해봤다.

정말로 카멜레온 같은 사람이 있다면 그때그때 상황에 따라 어울리는 스타일을 바꿔가며 사용하면 된다. 하지만 대부분의 사람들에게는 그런 능력이 없다. 모든 일이 그렇듯이 사람들마다 편하게 느끼는 스타일은 보통 한두 가지 정도에 불과하다. 자신이 누구인지, 자신에게 어떤 유형이 어울리는지는 전문가들이 제공하는 여러 가지 평가 도구를 통해 알아볼 수 있다. 모든 것을 내 마음대로 할 수는 없지만, 할 수 있는 것이라면 가장 잘할 수 있는 위치에 자리 잡아야 한다. 그리고 자신이 마음대로 조정할 수 없는 상황에 대비해 미리 준비해야 한다.

협상 준비 단계에서 자신이 어떤 유형인지 아는 것이 매우 중요하다는 사실을 깨달은 리처드 셸은 '협상유형평가도구BSAT'란 것을 만들어냈다. 이 도구를 사용하면 자신에게 어떤 유형이 어울리는지 이해하는 데 도움이 된다. 이 책을 더 읽기 전에, 책 뒤 부록에 수록된 유형 평가를 실시해볼 것을 권한다. 평가를 다 끝내고 난 뒤에 다시 여기로 돌아오면 된다. 그러면 다음에 나오는 내용을 읽으면서 자신이 어떤 유형인지, 그것이 협상과 관련해 무엇을 뜻하는지 더 잘 이해할 수 있다. 협상유형평가를 실시하는 데는 10분도 걸리지 않는다.

당신이 받은 점수가 무엇을 의미하는지 알고 싶다면 먼저 점수의 총 합계가 30이 되도록 정확히 더했는지 확인하라. 그런 다음에는 철자별 점수를 확인한다. 8~12는 높은 점수, 4~7은 중간 점수, 0~3은 낮은 점수다.

이 점수는 어떤 절대치가 아니라 자신의 기질과 편안함을 느끼는 정도를 나타내는 것이라고 받아들여야 한다. 이 점수만으로는 자신이 정확히 어떤 유형이냐를 따질 수 없다. 하지만 특정 유형에서 상대적으로 높은 점수를 받았다는 것은 그 스타일에 끌릴 확률이 높다는 뜻이다. 협상 자리에서 당신이 사용할 확률이 가장 높은 스타일은 당신이 가장 편안하게 느끼는 기본 모드default mode다. 다음은 각 철자가 뜻하는 유형과 유형별 설명이다.

As = 경쟁형

Bs = 협력형

Cs = 타협형

Ds = 회피형

Es = 순응형

경쟁형(As)

'경쟁형', 즉 경쟁자 유형은 협상에 임하는 대부분의 사람들이 원하는 유형이다. 평가를 실시할 때마다 이 유형에서 10, 11점 또는 12점을 받는 사람들은 처음부터 아주 행복해한다. 아마 이 책을 읽는 당신도 경쟁적이라는 말을 가장 높이 평가할지 모른다. 사실 스포츠에서 성공을 거두는 사람은 대개 경쟁심이 강한 사람이다. 그리고 대부분의 사람들은 경쟁 유전자를 타고난 사람이 협상에서도 성공할 확률이 높다고 믿는다.

회피자와 달리 경쟁자는 협상을 매우 즐긴다. 하지만 경쟁자는 언제 어디서 치고 빠져야 할지 모르는 경우가 종종 있으며, 협상을 해야 하는 순간에 논쟁을 벌이는 일이 자주 발생하기도 한다. 회피자는 설득이나 권유 같은 부드러운 방법을 선호하는 반면, 경쟁자는 전속력을 다해 협상에 달려든다.

이 유형의 특성을 가장 잘 나타내는 대표적인 사람으로는 테니스 슈퍼스타 지미 코너스Jimmy Connors를 들 수 있다. 그는 "이기는 것도 좋지만 지는 게 더 싫다. 나를 이긴 상대방의 얼굴에 피어오르는 행복한 미소를 보는 게 너무 싫다"고 말한 적이 있다. 코너스를 비롯해 경쟁자 유형의 사람들은 이기는 것을 아주 좋아한다. 입으로는 뭐라고 말하든, 승리를 위해서라면 무슨 일이든 할 사람들이다.

만일 당신이 경쟁형에서 높은 점수를 받았다면 전략을 수립할 때 반드시 관계 유지 부분에 신경을 써야 한다. 이 부분은 나중에 다시 논의할 것이다.

협력형(Bs)

퍼즐 같은 것을 좋아하는 기술적 소양을 지닌 사람에게 나타나는 유형이다. 이 부분에서 8~12점을 받은 사람들은 시간만 충분히 주어지면 아마 풀지 못할 문제가 없다고 생각할 것이다. 이런 유형은 굳이 서두르지 않으며 다른 사람들이 생각지 못한 합의를 이끌어내고 싶어 한다. 그러면서 양쪽 모두에게 도움이 되는 합의를 성사시키기 위해 상대방과의 협력 방안을 고려한다.

스포츠 커미셔너로 이름을 날린 사람들 중 협력자 유형의 특성을 잘 보여주는 이들이 있다. 예를 들어 미국미식축구리그NFL 구단주들과 노조 사이에서 단체교섭 타결을 이끌어내려면 협업 능력이 필수적이다. 구단주들은 전통적으로 강하고 독자적인 사고를 지닌 사람들이다. 이 능력을 가장 잘 보여준 사람으로는 지금은 고인이 된, 미식축구가 텔레비전 시대를 맞아 성장하던 당시 NFL 커미셔너였던 피트 로젤Pete Rozelle이었다. 그는 리그 전체를 생각해야 한다는 이른바 'League Think' 철학으로 구단주들에게 자신감을 불어넣었다. 서로 티격태격하는 것보다 함께 힘을 합칠 때 더 큰 성공을 거둘 수 있다는 사실을 구단주들에게 확실히 보여준 것이다.

이런 특성은 강력한 노조 지도자에게서도 볼 수 있다. 협력형에 속하는 이들은 최저 연봉을 받는 선수부터 슈퍼스타급 선수에 이르기까지 다양한 선수들을 하나로 뭉치게 하는 능력이 있다.

타협형(Cs)

당신은 늘 "절충안을 찾아봅시다"라고 말하는 유형인가? 타협형, 즉 타협자의 특성을 많이 지닌 사람이 가장 많이 내세우는 협상 계책이 바로 이것이다. 이 제안은 적절한 타이밍에 전달되기만 하면 매우 효과가 좋다. 타협자 특성에서 8~12점을 받은 사람이라면 아마도 거래에서 합의점을 찾아내는 데 뛰어난 솜씨를 발휘할 것이다.

문제는 잘못된 순간에 절충안을 찾으면 결과적으로 자신이 납득할 수 있는 수치나 성과를 얻어내지 못할 수도 있다는 점이다. 이 유형의 가장 큰 문제점은 절충을 통해 얻어내는 결과가 도움이 되지 않는데도 불구하고 끝까지 절충안을 찾기 위해 밀어붙인다는 것이다. 타협은 강한 힘을 발휘하지만 잘못 사용하면 부당한 거래로 이어진다.

리처드 셸은 나와 대화를 나누던 중에 타협자와 가장 거리가 먼 사람에 대해 언급한 적이 있다. 그는 한때 꽤 괜찮은 권투 선수이기도 했다. 지금은 세계적인 지도자로서, 타협으로는 올바른 해답을 얻을 수 없는 일이 종종 발생하는 그런 분야에서 활동한다. 그에게 절충안은 추구해야 할 옳은 길이 아닌 적이 많았다. 그가 감옥에서 30여 년을 보내야 했던 주된 이유도 이런 강인한 성격 때문이었다. 그가 원했고 끊임없이 구하고자 했던 결과는 단순히 거래를 성사시키는 타협이 아니라 올바른 결말이었다. 한때 권투 선수였던 이 세계적인 지도자는 바로 넬슨 만델라다.

회피형(Ds)

회피자 유형은 협상을 갈등 양상으로 보는 경향이 강하다. 대부분의 사람들은 갈등이나 분쟁에 연루되고 싶어 하지 않는다. 따라서 내면에 회피형 유전자를 지닌 사람들이 많다. 회피자 특성이 강한 사람이라면 협상에 돌입하는 상황을 조심해야 한다. 거래나 협상에 끼어드는 상황을 선호하지 않기 때문이다. 이런 유형의 긍정적인 면을 꼽자면, 이들은 협상 자리에서 이야기할 주제를 매우 신중하게 선택한다. 아주 좋은 현상이다.

당신이 회피자 특성에서 낮은 점수를 받았다면 혹시 자신이 갈등 상황을 찾아다니고 있는 건 아닌지 돌아볼 필요가 있다. 본격적인 논쟁 또는 협상에 돌입하기 전에 문제를 해결할 기회를 놓치고 있는 건 아닌지 잘 생각해야 한다. 만일 그렇다면, 자신의 레퍼토리에 설득 전략을 포함시켰다가 본격적으로 협상에 들어가기 전에 사용해보는 것은 어떨까?

순응형(Es)

순응자 유형에서 높은 점수를 얻은 사람은 선천적으로 협상 테이블 맞은편에 앉아 있는 상대방의 이익에 큰 관심을 보인다. 이 성향이 강한 사람은 상대방의 요구, 희망 사항, 소망에 지나치게 신경 쓰는 모습을 보일 수도 있다. 셸 교수에 따르면 이런 유형은 마치 누군가가 앞에 나타나기만 하면 "제가 어떻게 도와드릴까요?"라고 묻는 칠성급 호텔의 안내원과도 같다.

이 유형이 가장 조심해야 할 점은 상대방이 내 요구 사항에 대해 잘 알고 있다는 사실이다. 순응형이 협상에서 최상의 결과를 이끌어내려면 상대방과 자신이 가지고 있는 정보의 균형을 맞출 필요가 있다.

스포츠에서 이 유형의 사람들이 자주 눈에 띄는 분야는 놀랍게도 에이전트다. 팀과 협상하는 자리에서가 아니라 고객인 선수들과 관계를 유지할 때 이런 특성이 두드러지게 나타난다. 보통 둘 사이의 관계가 그리 끈끈하지 않은 상태에서 계속 관계를 유지해나가기 위해 에이전트들은 때때로 고객의 즐거움을 대화의 최우선 주제로 삼는다.

흔히들 오해하는 부분은 성공적인 협상가가 되려면 경쟁을 선호하거나 자기주장이 강해야 한다는 것이다. 모든 상황에 들어맞는 완벽한 스타일은 없다는 사실을 기억하라. 실제로 중요한 것은 스타일이 아니라 작은 일들을 반복해서 한다는 생각이다. 자신이 어떤 사람인지 앎으로써 '한 뼘 차이'로 인한 안타까운 죽음을 피한다는 생각, 자신의 전략을 따른다는 생각, 처음에 생각한 길에서 벗어났을 때를 대비해 믿을 만한 제2안, 3안, 4안을 준비한다는 생각이 중요하다.

프로의 팁

협상 상대의 스타일뿐 아니라 자신의 스타일도 파악하라.

당신은 경쟁형인가?
당신은 협력형인가?
당신은 타협형인가?
당신은 회피형인가?
당신은 순응형인가?

내가 옛 제자와 함께 어떤 선수의 아파트로 찾아갔던 그 상황으로 다시 돌아가 보자. 만일 내가 공격적이고 논쟁하기 좋아하는 사람이었다면 선수의 형이 계약서에 대해 욕설에 가까운 비난을 퍼붓는 걸 듣고는 더 심한 말로 되받아쳤을지 모른다. 하지만 나는 그런 식의 대응이 원래 내 스타일도 아니며 상황을 더욱 악화시키기만 한다는 사실을 알고 있었다. 어쨌든 그런 실수는 저지르지 않았다. 오히려 내 입에서는 자동적으로 이런 말이 나왔다.

"동생을 보살펴주는 마음이 보기 좋군요."

나는 당황한 내색을 감추며 조용하게 말했다.

"이 자리는 서로 잘해보자는 취지에서 마련한 걸로 압니다. 그렇다면 제삼자들보다는 당사자인 동생분과 에이전트, 이 젊은 두 사람이 어떻게 해결책을 찾을 수 있을지 얘기해보죠."

그 후 대화는 평화로운 분위기 속에서 흘러갔다. 하지만 나는 내내 그 자리를 빨리 벗어나 다시 교수로서의 생활로 돌아가고픈 마음밖에 없었다. 내가 작성하지도 않은 계약서 때문에 휘말리게 된 이 상황에서 헤어나고 싶은 마음뿐이었다.

결론부터 얘기하자면 서명을 받은 계약서가 있었음에도 그 선수는 다른 에이전트를 선택했다. 내가 받은 느낌은 서명이 되어 있든 아니었든 그 계약서 때문에 선수의 형은 단단히 틀어진 듯했다. 나는 그 계약서를 보지도 못했지만, 사무실로 돌아온 이후에는 그 일에서 완전히 손을 뗐다. 협상이 진행 중이었을 때 선수의 형이 내게 전화를 걸어 동생을 맡아줄 의향이 있느냐고 물어보기도 했지만 나는 정중하게 거절했다. 내가 왜 그랬는지는 당신도 충분히 이해하리라 믿는다.

협상의 축을 내 쪽으로 끌어오는 법

이 장에서 배워야 할 점은 스타일 면에서 자신이 어떤 사람인지, 상대방이 어떤 사람인지를 알아야 한다는 것이다. 어쩌면 다른 사람이 되려 하지 말라는 게 더 중요한 요점일 수도 있겠다. 자신의 장점을 찾아내고 그 장점을 위주로 준비를 시작하라. 자신이 어떤 유형의 협상가인지, 잘하는 게 무엇인지, 잘 못하는 게 무엇인지 찾아내서 인정하고 받아들여라.

만일 당신이 회피자나 순응자 성향이 강해서 메일을 통한 협상에 능하고 편안함을 느끼는 사람이라면 이메일을 사용하는 것도 한 방법이다. 경쟁자 특성이 강한 사람은 가능한 한 상대방과 탁자에 마주앉아 협상하도록 하라. 그 상대방이 회피자 유형이라면 더더욱 좋다.

빌 월시 감독은 자신에게 충실하고 스타일을 이해하는 것이 중요하다는 사실을 마음에 새기며 살았다. "구단주들은 선수들에게 소리 지르고 채찍질해서 복종을 이끌어내는 감독을 찾습니다. 저는 그게 올바른 지도 방법이라고 생각하지 않습니다. 선수들은 지능적으로 다뤄야 합니다." 그의 감독 스타일은 다른 NFL

NFL 명예의 전당에 오른 빌 월시 감독

자신의 스타일을 고수하라

감독들에게서는 보기 힘든 방식이었다. 이런 지도 방식은 지도자들 사이에서 일반적으로 두루 쓰이는 방식이 아니기 때문이다. 그러나 장기적으로 효과를 볼 수 있는 스타일은 당사자가 가장 편하게 느끼는 스타일이다. 월시는 네 차례의 슈퍼볼 우승을 이끌었고 NFL 지도자로서 최고의 상을 받았으며, 통산 102승 63패 1무의 기록을 세웠다.

자신의 스타일을 지켜나간다는 말은 협상에도 적용된다. 다른 사람을 흉내 내면서 얼마나 오래 그 모습을 유지할 수 있을까? 얼마나 많은 것을 성취할 수 있을까? 장기 협상에서 결국 피로를 참지 못하고 숨겨온 본모습이 튀어나온다면 어떻게 해야 할까? 결국에는 자신의 모습을 드러내기 쉽다. 다른 스타일을 모방하는 것은 실패의 가능성을 열어두는 것과 같다. 자신에게 충실하라. 자신의 스타일을 최대한 밀고 나가라.

월시의 스타일은 독특했고 자신도 그 사실을 알고 있었다. 하지만 모든 사람이 자기 자신이 누구인지 자세히 알아보는 것은 아니다. 자신의 협상 스타일에 대해서는 더더욱 모르는 사람들이 많다. 와튼 경영대학원에서 NFL 선수들을 대상으로 선수 경력을 마치고 은퇴 후의 삶을 사는 데 도움을 주는 프로그램을 실시했을 때, 자발적으로 참여한 선수들 중에 아주 공격적인 스타일로 유명했던 수비수가 한 명 있었다.

그 선수는 앞서 언급했던 협상유형평가도구로 검사를 했는데 경쟁자 유형에서 0점을 받고는 이렇게 물었다. "이게 말이 됩니까?" 그 선수를 열 받게 하려는 의도는 전혀 없었지만 어쨌든 그는 이미 화가 날 대로 나 있었다. "당신의 협상 스타일과 플레이 스타일은 별개 문제입니다." 내 말을 듣고도 그의 화는 풀리지 않았다. 당연히 그는 수많은 경기를 통해 '경쟁적'이란 말이 무슨 의미인지 절실히 느끼고 있었고, 여태껏 그것이 자신의 스타일을 대변한다고 생각하며 살아왔기 때문이다.

나는 그에게 플레이 포지션에 대해 생각해보라고 말했다. 그리고 힘과 스피드를 적절히 사용할 것인지, 아니면 머리를 쓸 것인지, 상대 선수를 누르기 위해 어떤 방식을 사용할지, 자신이 가장 잘할 수 있는 것이 무엇인지 어떻게 아느냐고 물어보았다. 나는 그가 상황에 따라 자신의 어떤 강점을 활용할지 잘 알고 있으며, 인정하든 그렇지 않든 자신의 장점과 단점이 무엇인지 알고 있다는 점을 인식시켜 주었다. 사실 그는 문제 해결에 있어서는 협력자 유형에 가까운 사람이었다. 운동장 위에서 동료들을 리드하는 그 선수의 입장에서는 화낼 일이 아니라 오히려 고맙게 받아들여야 할 특성이었다.

나는 그 선수에게 이렇게 말해주었다. "어쩔 수 없는 경우가 아니라면 당신도 자신의 능력을 벗어나는 플레이를 시도하지는 않겠죠. 자신이 어디에 서 있어야 하는지 알고 있는 겁니다." 물론 비즈니스에서는 충분한 걸로 끝나지 않는 경우도 있다. 좀 더 많은 것을 요구하고 더 세게 밀어붙여야 할 때도 있다. 그래도 괜찮다. 편하게 생각하라.

내가 그 선수에게 그렇게 설명을 해줄 수 있었던 건 어쩌면 당연한 일이었다. 왜냐하면 나도 한때는 협상과 관련해 내가 상당히 경쟁적인 사람이라고 생각했던 때가 있었으니 말이다. 대부분의 사람들이 자신을 경쟁형으로 여기고 싶어 하는 듯하다. 맨 처음 내가 어떤 유형의 협상가일까 하는 마음에 정식으로 검사를 실시했을 당시 나는 이미 내 직업에서 상당한 경험을 쌓은 상태였다. 여느 사람들처럼 나도 스스로 가장 중요하다고 생각되는 항목을 선택했다. 그리고 나는 내가 경쟁적인 유형이라고 알고 있었다. 한때 운동선수로서 치열한 경쟁을 펼치며 살았으니 틀림없이 그런 정신이 비즈니스에도 그대로 전해졌을 것이라고 생각했다. 하지만 아니었다.

셸의 협상유형평가도구와 유사한 평가도구 중에 갈등에 대한 혐오 정도를 측정하는 토머스-킬만Thomas-Killman 진단검사가 있다. 이 진단 도구 역시 자신이 가장 편하게 느끼는 스타일이 무엇인지 알아내 자신의 유형을 파악하는 데 도움을 준다. 이 검사에서 나는 경쟁자 유형과 그다지 가깝지 않다는 결과가 나왔다.

이 검사를 받았을 즈음 나는 내 고객인 소규모 스포츠 에이전시를 대변해서 이 회사를 인수하려는 대형 회사와 장기 협상을 벌이던 중이었다. 우리는 매각 대금을 놓고 협상을 시작했다. 고객과 나는 상대방의 제안 금액을 받아들이기로 했다. 하지만 검사를 받고 나서 내 이미지가 그리 경쟁적이지 않다는 사실을 새로이 알게 된 나는 좀 더 밀어붙여 보기로 마음먹었다.

나는 좀 멋쩍기는 했지만 용기를 내서 상대방에게 말을 건넸다. "저, 제가 검사를 해봤는데 그리 경쟁적인 유형이 아니라는 결과가 나왔더군요. 그래서 말인데 X는 충분하지가 않습니다. 우리는 Y를 원합니다." 그러자 상대방이 대답했다. "그렇게 하죠. 무리한 요구는 아니군요." 그의 태도에 깜짝 놀란 나를 두고 그는 별일 아니라는 듯 태연하게 "좋습니다. 다음에 처리할 일은 뭐죠?" 라고 말하며 협상을 이어갔다.

내 말의 요점은 자신이 어떤 스타일인지 알면, 예를 들어 더 많은 요구가 무리하다고 생각해서 쉽게 말을 꺼내지 못하는 사람이라면 때로는 불편하다 싶은 정도까지 자신을 채찍질할 때 더 나은 결과를 얻을 수도 있다는 말이다. 어울리지 않는 스타일에 억지로 자신을 끼워 맞출 필요는 없다. 하지만 말 한마디, 질문 하나, 행동 하나라도 자신의 위치를 향상시킬 수 있는 요소가 있다면 추가 조치를 취하는 게 좋다.

앞 사례에서 내가 했던 추가 조치는 좀 더 많은 액수를 요구하는 것이었다. 순응형 부분에서 낮은 점수를 받은 사람이라면 상대방의 질문을 몇 개 더 유도하는 것이 곧 추가 조치를 취하는 일이 될 수 있다. 어떤 이들은 무조건 절반씩 절충해서 합의를 보려는 반면 어떤 이들은 사전에 절충이란 말이 없는 듯 행동한다. 자기 스타일이 어떤 성향과 기질을 지녔는지 이해하고 유연성을 발휘하는 법을 배워야 한다. 하지만 결국에는 자신이 어떤 사람인지 아는 것이 가장 중요하다.

자신의 협상 유형을 파악했다면 이제는 최대한 자신의 스타일과 편안함을 유지하는 수준에 맞춰 협상 환경을 만들 차례다. 즉, 자신의 스타일을 파악한 다음에 협상을 위한 무대를 준비하는 것이다. 이는 자신에게 유리하고 상대방에게는 불리한 자리를 마련하기 위해서다. 아래 팁에서 제시하는 핵심 요인들에 대해 한번 생각해보자.

실행 계획을 위한 세부 항목 중 어떤 한 가지 선택만이 가장 좋다고 할 수는 없다. 그보다는 자신이 가장 편안하게 생각하는 항목들을 조합해 특정 협상 자리에서 최상의 결과를 얻어내는 것이 중요하다.

프로의 팁

자신의 스타일에 따른 실행 계획 세부 항목

안건은 무엇인가?
전화, 이메일, 직접 대면 또는 혼합 방식으로 만나는가?
참가 인원은 몇 명인가?
탁자와 의자 배치 환경은 어떤가?
기본 원칙은 무엇인가?
소정 시간은 얼마나 되는가?
다과는 어떤가?
온도는 어떤가?

빌 월시는 자신의 모습, 특히 자신의 스타일에 자신감을 가져야 한다고 말한다. 바트 스타Bart Starr와 조니 유니타스Johnny Unitas는 NFL에서 최고의 쿼터백으로 인정받는 선수들이다. 이들은 운동장에서 자신감과 위엄 있는 모습을 보여주었다. 아무도 이들의 능력을 의심치 않았고 팀 동료들도 이들을 전폭적으로 신뢰했다.

한편 뉴욕 자이언츠New York Giants의 일라이 매닝Eli Manning은 다소 소심하고 겁이 많다는 평을 받는 쿼터백이었다. 성격 면에서 그는 사람들이 바라는 쿼터백과는 거리가 멀었다. 그의 말투나 행동에서는 자신감을 찾기 힘들었다. 하지만 그는 결국 우승반지를 차지했다. 매닝이 전해주는 메시지는 결국 주어진 과업을 달성하는 것이 가장 중요하다는 사실이다. 프로미식축구의 목표는 바로 슈퍼볼 우승이다.

이 장을 시작하면서 "플레이를 잘하고 못하고는 중요하지 않다. 중요한 것은 경기에서 이기느냐 지느냐, 자신이 최고냐 아니냐다"라는 조지 앨런의 말을 인용한 바 있다. 이 말은 우리가 스스로를, 그리고 다른 사람들을 어떻게 바라봐야 하는지 알려준다. 스타일을 보는 게 아니라 자신의 스타일을 이해하고 그 모습에 자신감을 갖고, 최종적으로는 소기의 성과를 달성하느냐 못하느냐를 봐야 한다는 말이다.

일라이 매닝은 다른 사람이 되려고 하지 않았다. 그의 형 페이튼 매닝Peyton Manning은 외향적이면서도 진지했던 전설의 쿼터백이었다. 많은 사람들이 일라이에게서 페이튼 같은 모습을 보고 싶어 할수록 일라이는 자기가 잘하고 편안함을 느끼는 일을 꾸준히 해 나갔다. 그저 자신의 스타일을 아는 것만으로 최고의 능력을 이끌 어낼 수 있다는 사실보다 간단명료한 것이 또 있을까? 자신의 스타일을 찾아라. 그리고 협상 상대의 스타일에 대해 가능한 한 많이 파악하라. 상대에 대해 충분한 정보를 갖춘 상태에서 협상을 할 수 있도록 하라.

평소 자신의 모습을 그대로 드러내고 스타일에 충실한 것이 얼마나 중요한지를 잘 보여주는 마지막 사례를 이야기하고자 한다. 인디애나폴리스 호텔에서 다소 피곤해 보이는 한 남자가 여러 지원자들을 면접하고 있었다. 면접관은 다음 지원자 이름을 불렀다. "파커 씨, 들어오시죠." 변호사이자 스포츠 에이전트인 유진 파커Eugene Parker가 들어왔다. 특별한 존재감 없이 차분해 보이는 파커의 복장은 매우 독특했다. 앞선 지원자들은 주로 멋진 빈티지 풍의 롱코트를 걸친 정장에 커다란 펠트 모자를 착용했고, 심지어 어떤 사람은 모피 코트를 입고 있었다. 하지만 파커는 달랐다. 그는 그곳에 오기 전까지 인디애나 주 포트웨인에 있는 전통 있는 일류 법률회사에서 일했다. 그런 경력 때문인지는 몰라도 그는 약간 얇은 넥타이와 짧아 보이는 바지를 입고 있었고 걸을 때마다 신발에서 소리가 났다.

파커의 외모와 복장을 확인하고 한동안 이야기를 나눈 후 면접관이 말했다. "남의 돈 도둑질 할 사람은 아닌 것 같군요……

우리는 당신을 고용하겠습니다." 좀 잘나간다는 에이전트라면 금반지를 끼고 모피 코트를 걸치고 맞춤 정장을 입는 게 유행이던 시절에, 자기 스타일을 고수하며 보수적인 복장을 하고 나타난 파커가 디온 샌더스Deion Sanders의 에이전트로 발탁되는 순간이었다. 파커는 당시 스타였던 디온 샌더스의 에이전트가 되면서 프로스포츠 업계에서 말 그대로 대박을 쳤다. 파커의 협상 능력도 샌더스의 마음을 사로잡는 데 한몫했음은 물론이다.

협상의 핵심은 자신의 스타일을 알고 상대방의 스타일을 최대한 알아내는 것이다. 가족이나 친구 혹은 동료들을 상대하는 경우라면 잘 모르는 다른 사람들, 예를 들면 브라질의 농업 담당자를 상대하는 것보다는 스타일을 알아내기가 훨씬 쉽다. 하지만 스타일 파악은 더 큰 성공을 위한 준비 과정의 일부일 뿐이다.

• 협상의 달인으로 거듭나기 위한 지침

1. 자신의 스타일을 파악하는 데 시간을 할애하라.
2. 상대방의 스타일을 알아내는 데 필요한 만큼 시간을 들여라.
3. 상대방의 스타일을 고려해서 자신이 아는 바를 모두 통합해 전략을 세워라.
4. 스스로 불편하게 느끼는 스타일을 적용하지 마라.
5. 자신에게 유리한 만남이 되도록 세부 여건들을 조성하라.
6. 어떤 스타일을 상대해도 성공할 수 있다는 자신감을 가져라.

Negotiate Like the Pros

3.

목표를 정하고 큰 뜻을 품어라

나는 각 협찬사마다 400만 달러라는 최소 금액을 두기로 결정했다.
협상에서 최소 금액 또는 하한선을 정해놓기로 한 것은
좋은 아이디어였고, 협상 때마다 큰 도움이 되었다.

- 피터 위버로스 -
현대 국제올림픽에서 가장 큰 성공을 이끌어낸 리더,
1984년 L.A올림픽 협찬사들을 상대로 한 협상 목표에 대해 기술하면서

목표를 정하고 큰 뜻을 품어라

나는 각 협찬사마다 400만 달러라는 최소 금액을 두기로 결정했다.
협상에서 최소 금액 또는 하한선을 정해놓기로 한 것은
좋은 아이디어였고, 협상 때마다 큰 도움이 되었다.

– 피터 위버로스 –
현대 국제올림픽에서 가장 큰 성공을 이끌어낸 리더,
1984년 LA올림픽 협찬사들을 상대로 한 협상 목표에 대해 기술하면서

"하한선을 정하는 데 일정한 기준이나 원칙은 없습니다. 누가
용기 있게 그 선을 넘어오는지 보는 겁니다."

1984년 올림픽이 끝난 후 피터 위버로스는 이렇게 말했다. "이
렇게 하면 진짜 사업가와 사기꾼을 구별할 수 있습니다. 그 일이
정말 좋아서 참여하고 싶은 사람이 누구인지, 적은 돈으로 기회
에 편승하려는 사람이 누구인지 판가름이 나죠. 게다가 이 방법
은 응찰자들도 자신이 기꺼이 투자할 수 있는 금액이 얼마인지
생각하게 만듭니다. 하한가 근처에서 낙찰을 받을 경우 응찰자는

자기 힘으로 뭔가를 달성했다고 느끼게 됩니다." 목표와 가까운 첫 제안일수록 최상의 제안이라 할 수 있다.

이 협상에서 눈에 띄는 점은 올림픽 스폰서가 되는 데 드는 최저 비용을 위버로스가 극적으로 인상시켰다는 사실이다. LA올림픽 이전만 해도 스포츠 관련 스폰서십은 전체적으로 엉망이었다. 올림픽의 가치는 평가절하돼 있었고 스폰서 기업의 권리도 과소평가되었다. 지금 보면 1984년까지 올림픽 후원금을 정하기 위한 과학적인 방법이 전혀 없었다는 사실이 믿기지 않는다. 과거에는 올림픽 스폰서십을 상당히 낮은 액수에 넘겼다. 조직위원회의 목표는 질보다 양이었다. 스폰서 기업이 많을수록 올림픽의 수입도 늘어난다는 다다익선의 논리였다.

하지만 최대한 몇만 달러로 따낼 수 있었던 광고권은 시장의 요구에 따라 이뤄졌다. 올림픽 스폰서가 된다고 해도 그리 특별할 게 없었다. 한 회사가 일정 금액으로 계약을 했어도 다른 회사의 광고권을 막는 계약 조항이 없으면 누구든 똑같은 금액을 지불하고 올림픽 파트너가 될 수 있었다. 그래서 예전에는 한 올림픽 대회를 후원하는 자동차회사나 음료회사가 서너 군데가 될 수도 있었다. 경쟁사로부터 자기 회사의 지명도를 지켜낼 방법이 없었다는 말이다.

나는 올림픽 권투 종목 운영을 담당하기 전에 로스앤젤레스 조직위원회의 스폰서십과 라이선싱 분야에서 일했다. 그때는 광고주를 찾아다니면서 과거 올림픽에서는 공식 국산 차와 수입 차뿐

미국올림픽위원회의 수장이자 전 메이저리그 커미셔,
LA올림픽 조직위원회 위원장을 지낸 피터 위버로스

협상은 스포츠에서 배워라

아니라 공식 삼륜차와 전기자동차까지 후원 업체로 있었다는 농담을 하곤 했었다. 이제는 한 스폰서에게 독점권을 준다. '자동차'나 '휘발유' 또는 '컴퓨터' 항목별로 한 스폰서가 광고권을 차지하고, 그 스폰서는 누구와도 그 권리를 나누지 않을 것이다. 그리고 스폰서십은 30개 회사에만 제한적으로 주어진다. 달려드는 스폰서 희망 기업들 중에서 숫자를 제한해 독점권을 부여하고 후원금 하한선을 높게 책정함으로써, LA올림픽은 당대 최고의 수익을 올린 올림픽으로 기록되었다.

이런 발상의 전환은 스포츠 업계에 다양한 분야를 탄생시켰다. 1984년 올림픽 전에는 스폰서십 컨설팅 전문가란 이름조차 없었다. 현재는 스포츠 스폰서십 영역에서 기업들을 안내해주는 비즈니스가 성행한다.

목표의 힘

사람들이 잘 활용하지 않는 방법이지만 성공적인 협상 결과를 얻을 수 있는 심리 작전이 있다. 바로 최종 결과를 '시각화 visualization'하는 것이다. 아이러니한 일이지만 이 시각화를 가장 잘 활용한 사람 중 하나가 농구 올스타 선수인 앨런 아이버슨Allen Iverson이다. 그는 경기장으로 가는 차 안에서 그날 저녁 게임에서 보여줄 자신의 움직임을 죽 생각해본다. 즉, 최종 결과를 시각화하는 것이다. 그런데 아이러니하게도 아이버슨은 훈련 불참에 대해 기자들이 질문 세례를 퍼붓자 "연습, 그건 그저 연습일 뿐이잖아요"라고 변명한 일로도 유명하다.

아이버슨은 좀 특별한 경우지만, 시각화는 모든 사람에게 도움을 준다. 실제로 목표가 있고 그 목표를 마음속에 그리면 목표 달성 확률이 높아진다. 목표가 없는 사람보다는 있는 사람이 성공할 확률이 높아지는 건 물론이다. 그리고 아이버슨에게는 미안한 말이지만 누구나 연습을 하면, 혹은 적어도 예전에 목표를 달성한 경험이 몇 번이라도 있다면 아마도 목표를 달성할 확률은 훨씬 더 높아질 것이다. 심리학자들은 이런 현상을 가리켜 '기대의 힘power of expectation'을 갖는다고 표현한다. 자신의 목표를 명확하고 단호하게 밝히고 그 목표에 전념하는 만큼 성공할 확률이 높아진다는 것이다.

코치가 선발 선수들의 명단을 작성할 때는 선수들이 성공하기를 바라는 마음으로 작성한다. 또한 코치는 다른 작전을 활용하기 위해 한 가지 작전을 세운다. 훌륭한 코치들은 상황이 제대로 돌아가지 않거나 다른 작전이 더 유리할 것 같으면 게임 중간에도 계획을 변경한다. 하지만 그런 유연성도 원래 세웠던 게임 운영 계획을 너무 일찍 포기하는 일이 벌어지지 않도록 균형 감각을 유지할 수 있는 능력이 요구된다. 그래서 한번 끝까지 시도해볼 만큼 자기가 세운 계획에 자신감을 가져야 한다.

가능한 한 철저하게 계획하고 준비를 갖추되 상대방에게 너무 집중하지 말라던 존 우든의 말을 기억하는가? 협상에서 당신이 거둘 성공의 대부분은 상대방이 어떻게 움직이느냐보다 당신이 얼마나 잘 준비하고 목표가 얼마나 현실적인가에 달려 있다.

위버로스가 취한 조치는 '먼저' 제안을 제시하는 것이었다. 일반적으로 사람들은 먼저 제안하지 않는다. 상대보다 먼저 제안해야 하는 중요한 이유가 있을까? 그것은 우리의 마음속에서 강력한 닻내림 효과anchoring effect*가 발생하기 때문이다. 하지만 대부분의 사람들은 자신의 마음을 드러내기 싫어서, 혹은 상대방이 먼저 말하면 자신이 그 제안을 유리하게 이용할 수 있을 것 같아서 기다리는 쪽을 택한다. 물론 둘 다 맞는 말이다. 하지만 먼저 제안을 하면서 느끼는 편안함은 자신이 세운 목표에 대해 느끼는 편안함과 정비례로 증가한다.

이 주제에 대해서는 6장에서 좀 더 다루기로 하겠다. 지금 여기서는 준비 상태에 따라 목표에 대해 느끼는 편안함이 직접적으로 영향을 받는다는 사실을 명심하라.

목표, 타깃, 최대 양보점 정하기

위버로스의 사례에서는 각 스폰서에게서 400만 달러를 얻어내는 것이 목표였다. 어마어마한 액수였지만 그는 스폰서들이 왜

---

* 앵커링 효과, 기준점 효과라고도 한다. 어떤 사항에 대해 판단을 내릴 때 초기에 제시된 기준에 영향을 받아 판단을 내리는 현상을 말한다.

과거에 비해 훨씬 많은 액수를 지불해야 하는지에 대해 납득할 만한 근거를 제시했다.

목표를 달성하면 풍성한 결실이 기다리고 있다는 마음가짐을 가져야 한다. 자신이 희망하거나 낙관하는 숫자에 대해서는 유연한 태도를 취할 수 있다. 일단은 높은 곳(자신이 어느 편에 서 있느냐에 따라 낮은 곳이 될 수도 있다)을 겨냥하라. 자신의 이야기가 상대방에게 근거 있는 얘기로 받아들여질 수 있는 한계의 가장 높은(또는 낮은) 지점을 생각하라. 당신의 제안을 듣고 아무도 비웃지 않는다면 그것이 당신의 목표 지점이 될 수 있을 것이다.

자신의 최대 양보점에 대해서도 알고 있어야 한다. 당신이 받아들일 수 있는 최저치는 어디까지인가? 어쩌면 협상을 철저하게 파고든 후에야 확실한 수치를 내놓을 수 있을지도 모른다. 하지만 자신의 작전을 개방할 때는 가능한 한 완벽을 기해야 한다. 협상에 들어가면서 최대 양보점에 대해 확고한 태도를 지녀라. 최대 양보점을 결정하는 가장 좋은 방법은 자신의 선택 사항에 초점을 맞추는 것이다.

나는 늘 나 자신과 고객에게 중요한 질문을 던진다. '이 협상에서 실패할 경우 내가 선택할 수 있는 것은 무엇인가?' 실제로 이 사항은 1장 뒤에 수록한 협상전략계획표의 마지막 질문이다. 좀 더 공식적인 표현을 사용하자면 '협상을 통한 합의안에 대한 최선의 대안Best Alternative To a Negotiated Agreement, BATNA', 즉 협상이 실패할 경우 자신의 이해를 충족시킬 최상의 대안을 찾는 것이다. 자신이 성사시키려는 것과 동일한 대안이 있다면 손을 떼야 할 시점은 어느 정도 명확해진다. 다른 요소들이 동일한 상황에서 상대방의 제안이 당신이 생각하는 대안에 미치지 못한다면 그때가 물러나야 할 시점이다.

다른 대안을 찾지 못하면 최대 양보점을 결정하기가 어렵다. 그럴 경우는 편안한 마음으로 결과를 받아들일 수 있느냐 없느냐를 따지는 심리적 결정이 많은 부분을 차지한다. 범위를 넓혀서 스스로 물어보라. '이 거래가 성사되지 않아도 나는 살 수 있을까?' 협상에 임하기 전에 이 질문에 대한 답이 명확할수록 더 좋은 상황을 맞이할 수 있다. 하지만 협상 도중에 이 결정을 내려야 하는 상황이 발생한다면 잠시 휴식을 취하면서 새로 습득한 정보들을 평가해서 최대 양보점을 재조정한다. 압박감에 눌리는 상태에서는 절대로 결정을 내리지 마라.

스포츠 에이전트 토니 아그논Tony Agnone도 이 점을 강조한다. "내가 정당하게 얻어야 한다고 생각하는 걸 얻을 수 없을 때 손을 뗄 수 있는 권한이 있다는 사실은 그 무엇보다 큰 힘을 준다. 에이전트 업계에서는 이 모든 것이 고객과의 적절한 준비를 중심으로 이루어진다."

타깃은 높은 수준의 정확도를 요구한다. 이 거래를 어디서 매듭지어야 한다고 생각하는가? 활용할 수 있는 모든 정보의 영향력을 고려할 때 공정하게 거래를 종결할 수 있는 숫자, 양, 가격, 기준은 무엇인가? 이것이 바로 타깃, 즉 과녁의 중심이다.

프로의 팁

교착 상태는 부당한 거래에 대한 최상의 대안이다.

– 안 텔름Arn Tellem –
스포츠 에이전트

적절한 목표와 타깃, 최대 양보점을 정하는 것은 협상 준비에서 가장 힘든 부분이 될 수도 있다. 그리고 100퍼센트 완벽한 목표, 타깃, 최대 양보점을 설정할 만큼 완벽한 정보 습득은 불가능할 수도 있다. 사람들이 협상에 임하면서 불안해하는 이유가 이 부족하고 불완전한 부분 때문이다. 하지만 준비가 불완전할 수밖에 없다는 사실은 그만큼 협상에 임하기 전에 가능한 한 많은 정보를 모아야 한다는 말이기도 하다.

목표에 한계를 두지 마라

목표와 타깃, 최대 양보점을 정해야 한다고 말하기는 쉽지만 실제로 어떻게 목표를 정해야 할까? 목표는 기준점, 다시 말해 자신이 나아가야 할 방향을 가리키는 지표를 활용해 정하도록 한다. 예를 들어 자동차 업계에는 자동차 판매업자와 소비자가 중고차 가격을 설정하는 데 도움을 주는 '켈리 블루 북Kelly Blue Book'이라는 사이트가 있다. 보상판매 중고차 가격, 영업사원 평가, 안전

등급 등 공정한 차 가격을 결정하는 데 필요한 모든 정보를 수록한 이 사이트는 업계 기준을 제시한다. 당신이 종사하는 분야에도 이와 유사한 것이 있는가? 협상에서는 이 사이트처럼 당신이 대화에 활용할 수 있는 기준점을 제시해주는 사람이 이상적인 상대방이 될 수 있다.

스포츠 에이전트들은 항상 기준점을 활용한다. 이들은 특히 자신의 고객과 한 팀에서 뛰는 선수를 기준으로 삼기를 좋아한다. "제 의뢰인이 이 선수보다 기록도 더 좋은데 연봉을 덜 받아야 할 이유가 없습니다." 달리 말하면 상대방이 사용하는 기준점을 활용해 자기 말에 힘을 싣는다는 뜻이기도 하다. "저는 구단에서 설정한 기준에 맞춰 연봉을 요구하는 겁니다. 제가 주먹구구식으로 무턱대고 이 액수를 요구하는 게 아닙니다. 제 요구가 합리적이지 않습니까? 구단 측이 불합리한 제안을 하고 있다는 점을 스스로 인정하실 겁니까?"

심리학자 로버트 치알디니Robert Cialdini는 그의 베스트셀러 저서 『설득의 심리학Influence: The Psychology of Persuasion』에서 인간에게는 뭔가를 약속했을 때 지키려고 노력하면서 합리적인 사람으로 보이고 싶어 하는 강박감이 있다고 언급했다. 시장의 기준점과 상대방이 실질적으로 사용하는 기준점을 결합해서 목표를 정하라.

한편 제안을 결정하는 데 필요한 정보가 충분하지 않은 경우가 있다. 그럴 경우 제대로 준비할 수 있는 방법은 무엇일까? 예를 들어 너무 높은 금액을 제시하는 상황을 방지하려면 어떻게 해야 할까? 참고할 수 있는 기준점이 없을 때 종종 이런 일이 발생한다. 다시 자동차 이야기로 돌아가자. 앞서 언급한 켈리 블루 북, 그 외에도 수많은 정보를 얻을 수 있는 인터넷 덕분에 자동차는 상대적으로 쉽게 구입할 수 있다. 물론 그래도 불안에 떠는 사람들이 많지만 말이다. 하지만 애초에 정보가 거의 없다면 어떨까?

일본 야구 선수들이 미국 메이저리그에 오기까지의 협상 과정을 보면 기준점이 없을 때 어떤 흥미로운 결과가 일어나는지 잘 알 수 있다. 일본에서 활약할 당시 스즈키 이치로는 세계에서 가장 뛰어난 선수 중 한 명으로 알려져 있었다. 그의 소속팀 오릭스 블루웨이브Orix BlueWave도 이 점을 잘 알고 있었다. 그리고 미국에서 활동하는 에이전트 토니 아타나시오Tony Attanasio에 의해 이야기는 더욱 확대됐다.

아타나시오는 비공개 입찰을 통해 이치로와 협상을 벌일 수 있는 구단을 선정할 수 있게 해달라고 메이저리그 사무국에 요청했다. 협상권은 1,325.5만 달러를 제시한 시애틀 마리너스Seattle Mariners에게 돌아갔다. 시애틀 다음으로 높은 금액을 써 넣었던 뉴욕 메츠New York Mets의 제시액과는 상당한 금액 차이가 있었다고 한다. 그리고 2002년 이치로는 투수가 아닌 야수로서 메이저리그에서 활약하게 된 첫 번째 일본 선수가 되었다.

시장에서 참고 사례 또는 명확한 기준이 없을 경우 협상 과정에서 합리성을 상실하는 문제가 발생하기도 한다. 특히 자유계약선수 시장에서 이런 현상을 볼 수 있다. 보스턴 레드삭스Boston Red

Sox의 마쓰자카 다이스케 영입 과정에서도 구조적인 문제와 마쓰자카의 뛰어난 능력이 맞물리며 매우 독특한 협상이 벌어졌다. 2000년 스즈키 이치로 협상의 확대판이나 마찬가지였다.

마쓰자카는 일본 세이부 라이온스Seibu Lions 소속의 스타급 투수였다. 일본 야구 선수가 메이저리그에 올 때는 '포스팅posting' 시스템이라는 입찰 과정을 거쳐야 한다. 먼저 일본 소속팀이 선수를 포스팅, 즉 MLB 구단들에게 입찰 자격을 주고 구단들은 협상권을 얻어내기 위해 나흘간 경매에 참여해 봉인된 금액을 제출한다. 이 기간 동안 MLB 사무국에 가장 높은 금액을 제출한 구단이 그 선수와 계약할 기회를 얻게 되고, 협상권을 얻은 구단과 선수는 정해진 기간 동안 계약 규모와 기간에 대해 논의한다.

마쓰자카의 경우 나흘에 걸친 비공개 경쟁 입찰에서 최고 금액으로 기회를 얻은 구단은 30일 동안 선수와 협상할 수 있는 독점권을 얻기로 되어 있었다. 입찰 결과 보스턴 레드삭스가 5,111만 달러의 포스팅 비용을 소속 구단에 지불하고 협상 독점권을 따냈다. 보스턴과 리그 맞수인 뉴욕 구단이 제시한 금액은 '겨우' 3,200만 달러였다.

협상이 성공적으로 끝나면 마지막으로 선수 연봉에 대한 협상권을 얻는다. 결과부터 말하자면 보스턴은 마쓰자카에게 6년간 5,200만 달러를 지급하기로 합의했다. 비공개 경쟁 입찰이 끝나고 포스팅 금액 입금을 확인하고 나서 세이부 라이온스는 선수 이적에 동의했다.

세이부가 받은 5,111만 달러는 구단의 1년 운영비 1,700만 달러를 훌쩍 넘어서는 액수였다. 보스턴이 이 엄청난 액수를 지불한 이유가 단지 마쓰자카와 연봉 협상을 벌일 수 있는 독점적 권리를 얻기 위해서였다는 사실을 기억해야 한다. 이론적으로는 협상이 실패로 돌아갈 수도 있었다는 말이다. 따라서 마쓰자카의 이전 소속팀이 선수가 돌아오지 않기를 바랐다는 정보는 보스턴에게 큰 도움이 됐다. 레드삭스 단장 테오 엡스타인Theo Epstein은 "마쓰자카 선수가 일본으로 돌아가고 싶어 하지 않으며 우리와 계약할 의사가 충분한 것으로 보인다"라고 말했다.

마쓰자카의 에이전트 스캇 보라스Scott Boras는 야구계에서 다루기 힘든 협상 상대로 정평이 나 있었다. 레드삭스 구단은 보라스에게 휘둘리지 않고 그들이 얻어낸 정보와 그동안 준비해온 상황에 집중해야만 했다. 전하는 바에 따르면 레드삭스는 마쓰자카에게 7,000~8,000만 달러의 연봉을 제안했다. 하지만 보라스는 구단 제시액의 두 배에 달하는 연봉을 요구했다고 한다.

레드삭스가 마쓰자카 선수를 얼마나 중요하게 생각하는지 알고 있었던 보라스는 구단이 어느 정도 액수까지 기꺼이 지불할 의사가 있는지도 잘 알고 있었다. 하지만 협상 막판에 레버리지를 상실하고 말았다. 단체 스포츠에서 흔히 그렇듯 협상 상대 팀이 하나밖에 없었기 때문이다. 결국 연봉 협상은 레드삭스가 처음 제시한 금액과 비슷한 선에서 6년간 5,200만 달러로 마무리됐다. 레드삭스는 마쓰자카 영입을 위해 총 1억 310만 달러를 지불했다.

여기서 볼 수 있듯이 명확한 기준점이 없어도 목표와 타깃, 최대 양보점은 반드시 정해야 한다. 협상 준비 과정에서 이 항목들을 분명히 하지 않으면 문제가 발생한다. 목표가 없거나 너무 낮은 목표를 설정하면 어떤 결과를 맞이하는지 알아야 한다. 대학 농구에서 가장 큰 성공을 거둔 지도자로 꼽히는 팻 서미트는 목표에 대해 이렇게 말했다. "매년 우리의 목표는 타이틀을 획득하는 것이다. 목표를 달성하고 싶다면 그만큼 높은 목표를 세워야 한다. 1등이 되기를 기대한다면 4등 정도는 할 수 있다. 하지만 그저 상위 10개 팀에 들고자 한다면 아마도 훨씬 더 저조한 성적표를 받을지 모른다."

위버로스처럼 하한선을 정하는 것 못지않게 아이버슨처럼 시각화 연습을 통해 어떻게 목표를 달성할지를 생각해보는 것도 중요하다. 한계를 정하지 말고 목표를 정하라.

미리 정해둔 타깃에 집착하지 마라

목표, 타깃, 최대 양보점은 최대한 정확하게 계산해야 한다. 얼마나 정확하게 계산하느냐가 당신의 협상뿐 아니라 당신 자신에게도 큰 영향을 미친다. 로버트 치알디니는 『설득의 심리학』에서 경마장에서 돈을 거는 사람들을 연구한 결과를 언급하며 확신에 대해 설명했다. 연구 결과에 따르면 사람들은 돈을 걸기 직전보다 돈을 건 직후에 자기가 선택한 말에 훨씬 큰 자신감을 보였다. 이는 자신의 목표와 타깃, 최대 양보점에 일단 고착되면 재조정하기가 힘들어진다는 말이다. 따라서 목표와 타깃, 최대 양보점을 설정한 후에는 이를 재조정하거나 재정비할 수 있는 준비가 되어 있는지 스스로 확인해야 한다.

"어떻게 해야 할지 제가 말씀드리죠." 당시 나는 젊었고 사건 해결 경험은 많지 않았지만 타깃이 무엇인지는 정확히 알고 있었다. 한 선수가 명예를 훼손당했다며 내게 사건을 의뢰했고, 나는 해당 출판사에 분쟁의 대상이 되는 행위 중단을 요청하면서 만일 요청에 응하지 않을 경우 소송을 제기하겠다고 통고했다. 그리고 10만 달러를 요구했다. 그렇다고 그 액수가 아니면 어림도 없다는 정도는 아니었고 상대가 출판사인 만큼 어느 정도 협상을 마음에 두고 있었다. 큰 사건은 아니었지만 그래도 합의금으로 5만 달러는 받아야 한다는 계산을 나름대로 해두고 있었다. 여러 유사한 사건을 살펴본 후에 내린 결론이었다.

처음에는 시간이 좀 걸릴 거라고 예상했는데 의외로 일이 빠르게 진행되었다. 수요일에 편지를 보냈는데 그다음 주 월요일에 출판사 자문위원에게서 전화가 걸려왔다. 이제야 막 편지를 받았을 텐데 말이다(당시는 이메일이나 페텍스 등이 널리 사용되기 훨씬 이전이다).

우리는 날씨에 대해 몇 마디를 주고받으며 말문을 열었다. 그러다 그가 바로 본론으로 들어갔다. "우리 쪽 사람들하고 전부 얘기를 해봤는데 이 일은 빨리 끝냈으면 합니다." 예상했던 것보다 일이 잘 돌아간다는 생각이 들었다. 그가 말을 이었다. "그쪽에서는 100을 원하지만 우리는 50을 생각하고 있습니다. 선생님은 합리적인 분이시고 우리도 그렇습니다. 지금 당장 약속할 수 있는 건 없지만, 절반씩 양보해서 75에 합의를 봤다고 제가 우리 쪽 사람들에게 얘기하면 어떨까요?" 그는 협상의 지름길을 택했다. 그런데 너무 빨리 가다 보니 액수에 만 단위까지 빼먹고 있었다. 내가 확인할 겸 물었다. "지금 7만 5,000달러를 제안하시는 거 맞죠?" 내 질문이 끝나기도 전에 그가 대답했다. "그래요, 오늘 중으로 마무리 지을 수 있다면요."

순간 이 자문위원 선생이 내놓은 제안보다 더 합리적인 제안은 없을 거라는 생각이 퍼뜩 들었다. 그도 모험을 한 셈이었다. 그는 내가 타협자 유형이라고 확신하고 있었다. 경쟁자 유형이라면 첫 제안을 듣자마자 그 제안이 옳든 그르든 무조건 더 많이 요구했을 것이다. 문제 해결형이라면 다시 계산하고 재검토할지 모르지만 결국에는 거래에 동의하는 쪽을 택한다. 회피형은 '굳이 협상해야 한다면 짧게 끝내고 싶다'는 마음으로 어느 정도는 기쁜 마음으로 절충안을 받아들일 것이다.

당시 그 제안에 대해 내가 무슨 말을 했는지는 정확하게 기억나지 않지만, 나는 그의 제안이 두 가지 면에서 설득력이 있다고 생각했다. 첫째, 내가 설정한 타깃을 그 이상으로 충족시켰다. 둘째, 공평한 타협안을 제시했다. 나는 고객에게 이 내용을 알리면서 더 이상의 금액을 요구하지 말자고 제안했다. 하지만 사실은 더 요구했어야 했다. 당시 나는 목표와 타깃을 구분하지 못했던 것이다. 목표와 타깃을 뭉뚱그려 생각하는 바람에 여유를 잃었고 더 나은 결과를 얻어낼 기회를 놓쳤다.

정식으로 협상에 대해 공부하면서 몇 년이 지난 후에야 그때 내가 전형적인 실수를 저질렀다는 사실을 깨달았다. 하지만 당시에는 나 자신에 대해서도, 내 협상 스타일에 대해서도 알지 못했다. 그리고 이런 협상 전략에 대해서도 모르고 있었다. 지금은 나도 이 방법을 사용하고 있고 당신도 이 방법을 사용해야 한다. 특히 테이블 건너편에 앉아 있는 사람이 타협자 유형이라면 더욱 그렇다.

그때 나는 잠시 휴식을 취하면서 마음을 가다듬었어야 했다. "제안을 신중히 고려해보겠습니다"라는 간단한 말 한마디면 될 문제였다. 그때는 신중히 듣지도 않았고 인내심도 부족해 빨리 끝내려는 마음뿐이었다. 나는 협상 전에 미리 생각해두었던 숫자에만 매달리고 있었다. 결국 그의 제안대로 7만 5,000달러에 합의를 보았다. 물론 실패한 거래는 아니었지만 더 잘할 수 있는 여지가 충분했던 거래였다.

확실하게 물러날 시점을 예상하라

목표를 너무 높이 잡아도 문제가 발생할 수 있다. 2004년 북미아이스하키리그NHL와 선수협회NHLPA의 단체협상 과정은 실행 가능한 타깃, 목표, 최대 양보점 설정이 얼마나 중요한지를 보여준다. 아이스하키를 포함해 노조가 있는 프로스포츠에서 리그 사무국과 선수노조가 벌이는 단체교섭은 리그 운영과 선수 이익 사이에서 발생할 수 있는 중요한 문제들을 결정하는 협상이다.

2004년 당시 아이스하키 선수노조는 샐러리캡salary cap 시행을 받아들일 수 없다며 강력하게 반발하고 있었다. 샐러리캡은 구단주들의 지출을 줄여주는 역할을 한다. 간단히 말해서 구단이 선수단 연봉에 쓸 수 있는 돈의 상한선을 두는 제도로 연봉총액상한제를 말한다. 아이스하키는 미국의 4대 스포츠 중 하나였지만 당시에는 재정 규모나 팬들의 관심 면에서 겨우 명맥을 유지하는 정도의 위태로운 상황에 처해 있었다.

협상 결과를 놓고 본다면 선수노조는 길고 지루한 협상이 시작되기 전에 제안을 받아들였어야 했다. 준비가 진정한 협상의 시작이라는 점을 다시 한 번 명심하라. 영화, 텔레비전, 신문, 잡지들은 양측의 언쟁, 담배 연기가 가득한 방, 새벽까지 이어지는 최종담판 등의 모습만 다룬다. 그런 현상이 벌어지기 전의 일, 즉 준비 과정에 대해서는 취급하지 않는다. 하지만 준비라는 중요한 단계를 거치지 않고서는 양측 모두 우위를 점할 수 없다.

2004년 9월 15일 NHL 구단들은 직장폐쇄를 단행했다. 사용자 측의 오래된 쟁의 수단인 직장폐쇄 조치는 쟁의 중인 노동자 측의 요구를 거부하고 사업장 운영을 일시 중단할 수 있도록 허락하고 있다. 경기를 취소하고 5개월이 지나자 리그 사무국은 시즌 취소라는 고통스러운 결정을 내렸다.

상황이 그 지경에 이르기까지는 여러 원인이 있었다. 먼저 아이스하키는 축구, 야구, 농구와 같은 규모의 TV 중계권을 따낼 수 없었다. 또한 34개 구단 중 19개 구단이 재정적 어려움에 처해 있었으며, 리그 전체로 따지면 그전 시즌에 2억 2,500만 달러의 손실을 기록했다. 이로 인해 구단들은 선수들의 평균 연봉을 180만 달러에서 130만 달러로 줄이고자 했다.

구단과 노조 사이에서 가장 큰 갈등을 일으켰던 부분은 선수들의 연봉을 구단 수익과 연계해 실행하려는 변형된 샐러리캡의 도입 여부였다. 구단주들은 4,250만 달러의 샐러리캡을 제안했으나 노조는 4,900만 달러를 고집했다. 양측이 원하는 금액의 차이가 그리 크지 않았고 협상에서 진전되는 모습을 보이기도 했지만 결국 협상은 결렬되고 말았다. 그리고 직장폐쇄라는 불상사가 벌어져 NHL 선수 중 절반이 넘는 선수들이 시합에서 뛰기 위해 유럽으로 떠나버렸다.

그러는 사이 NHL과 선수협회는 언론의 집중포화를 맞았고, NHL 구단의 직장폐쇄가 310일을 맞고 나서야 양측은 최종 합의에 도달했다. 선수들은 팀당 3,900만 달러의 샐러리캡에 동의했다. 2월에는 구단이 제시했던 금액을 거절하더니 7월에는 그보다 300만 달러가 적은 금액을 받아들이기로 한 것이다. 어떻게 이런 일이 벌어졌을까? 자신의 위치에 대한 오판, 레버리지 결여, 협상 상대의 투지 등이 합쳐진 거센 태풍에 쓰러지고 만 것이다. 협상에서 제시할 숫자는 활용 가능한 모든 관련 요인들을 고려해서 신중히 결정해야 한다. 팻 서미트 감독은 목표를 높이 잡으라고 했지만, 고상하고 이상적이기만 한 목표는 현실이라는 조정을 거쳐야만 한다.

계획을 세울 때는 희망적인 목표와 현실성 있는 타깃, 그리고 확실하게 물러나는 시점을 설정해야 한다. 또한 협상 과정에서 습득하는 정보에 따라 유연성 있게 목표를 조정할 수 있어야 한다.

● 협상의 달인으로 거듭나기 위한 지침

1. 타깃, 목표, 최대 양보점 설정을 위한 준비를 대충 하지 마라.
2. 협상 상대의 기준점을 활용하라.
3. 목표는 높이 설정하라.
4. 타깃에 대해 현실적인 자세를 취하되, 목표 내에서 확장하라.
5. 협상 과정에서 새로운 정보가 없는 한 자신이 정한 최저치를 지켜라.
6. 새로운 정보를 입수하면 조심스럽게 타깃과 목표를 조정하라.

Negotiate Like the Pros

4.

레버리지로
협상의 우위에 올라서라

이건 루디의 경기 출전을 위한 겁니다.

-영화 「루디 이야기Rudy」 중에서-

레버리지로
협상의 우위에 올라서라

이건 루디의 경기 출전을 위한 겁니다.*

−영화 「루디 이야기Rudy」 중에서−

"500만 달러 드리죠."

돈 킹Don King이 한탄하듯 내뱉었다. 권투계의 신참 프로모터였던 그가 거물급 선수들의 시합을 성사시킬 수 있는 방법은 그 누구도 엄두조차 내지 못했던 특별한 조건을 제시하는 것뿐이었다. 하지만 킹은 놀라운 협상 능력을 발휘해 마침내 스포츠 역사에

---

* 영화 「루디 이야기」에서 노트르담대학교 미식축구팀 선수들이 루디의 경기 출전을 허락하지 않으면 조지아 공과대학교와의 경기에 뛰지 않겠다며, 댄 디바인 감독에게 유니폼을 차례로 반납하면서 했던 말이다(저자 주).

남을 만한 대단한 거래를 성사시켰다.

킹은 기록적인 대전료와 그 밖의 여러 혜택을 앞세워 무하마드 알리Muhammad Ali와 조지 포먼George Foreman을 설득했다. 알리와 포먼 모두 킹이 대전료를 즉시 지불하지 않아도 된다는 내용이 담긴 계약서에 각자 서명을 했으므로 그에게는 시간적인 여유가 있었다. 킹은 신속하게 움직였다. 대전료를 지불할 돈이 없었기에 지갑을 열어줄 수 있는 누군가를 찾아야만 했다. 그는 어느 개발도상국가의 지도자를 만나 이렇게 제안했다. "경비를 대시면 제가 세계 헤비급 타이틀 시합을 안겨드리겠습니다." 흥미로운 제안이었다. 그전까지 파리, 런던, 뉴욕 같은 대도시 외에는 타이틀매치가 열린 적이 없었다.

1967년 무하마드 알리는 베트남전쟁으로 징집영장이 발부되자 양심적 병역 거부를 선언하며 군 입대를 거부했다. 그 때문에 헤비급 타이틀을 빼앗기고 3년간 선수 자격을 박탈당했다. 하지만 타이틀을 박탈당한 후에도 포기하지 않았던 알리는 3년 만에 링에 복귀했다. 그리고 1974년 1월 뉴욕의 매디슨 스퀘어 가든에서 열린 논타이틀전에서 조 프레이저Joe Fraizier에게 12회 심판 전원 일치 판정승을 거두었다. 비록 전성기 때 모습을 보여주지는 못했지만, 이 승리로 알리는 자신이 아직 헤비급에서 강력한 도전자라는 사실을 세상에 확실히 알렸다.

당시 헤비급 세계 챔피언은 조지 포피언이었다. 알리와 프레이저가 승부를 벌이기 전, 자메이카 킹스턴에서 열린 타이틀전에서 포먼은 프레이저를 TKO로 물리치고 챔피언 자리에 올랐다. 경기 중계를 맡았던 하워드 카셀Howard Cosell이 다운당하는 프레이저를 보며 "프레이저가 무너집니다. 프레이저가 무너집니다!"라고 미친 듯이 외치던 소리는 헤비급 권투 경기 역사상 가장 큰 충격 중 하나였다.

프레이저에게 치욕적인 패배를 안겨준 알리와 포먼의 대결은 권투 프로모터라면 누구나 한 번쯤 욕심낼 만한 시합이었다. 그런데 당대 이름난 프로모터였던 밥 아럼Bob Arum이나 제리 페렌치오Jerry Perenchio, 매디슨 스퀘어 가든의 테디 브레너Teddy Brenner 중 그 누구도 두 선수의 대결을 진행하는 데서 특별히 유리한 위치를 선점하지 못하고 있었다.

이 경기를 성사시킨 돈 킹에 대해 어느 해설위원은 이렇게 말하기도 했다. "킹에게는 일생에 한 번 올까 말까 한 기회였습니다. 그는 모든 것을 걸었죠. 모든 열정과 에너지, 쇼맨십, 그리고 돈을 끌어들이는 능력을 총동원하고 아프리카 대중의 힘을 한데 끌어모으는 언변을 선보였습니다." 그중에서도 킹이 명확히 보여준 것은 바로 레버리지였다. 그는 협상하는 법을 알고 있었다.

들어간 비용은 선수들에게 지불할 500만 달러와 당시 자이르 (현 콩고민주공화국)에서 시합 무대를 올리는 데 필요한 경비였다. 1974년에 자이르 대통령은 모부투 세세 세코Mobutu Sese Seko였다. 시합은 1974년 10월 30일에 열렸다.

킹은 양측, 아니 실제로는 이 대결의 모든 당사자에게 자신이 계약서에 적힌 모든 조건을 완수하고 시합을 개최할 수 있다는 긍정적인 믿음을 심어주었다. 그의 이런 이행성移行性 이론, 즉 '이게 이렇게 되면 그다음은 이렇게' 식의 관점은 거래에서 종종 핵심적인 역할을 한다.

이런 유형의 거래를 하려면 많은 설득이 필요하다. 알리는 킹이 시합 때까지 정기적으로 돈을 지급한다는 특별 조항을 계약서에 넣었다. 킹이 제때 돈을 지급하지 못하는 상황이 단 한 번이라도 발생하면 그 순간 알리는 시합에 대한 계약 의무에서 벗어나고 그때까지 받은 돈은 돌려주지 않아도 된다는 내용이었다. 당시 무명의 신분으로 증명도 되지 않은 프로모터의 제안을 받아들이려면 알리 입장에서도 확실한 보험을 들어놓아야만 했다. 그리고 킹은 모든 약속을 지켰다.

킹이 강력한 영향력을 행사할 수 있었던 이유는 시합 관련 당사자들에게 그들이 원하는 것을 가지고 있는 유일한 사람이 자신이라는 점을 인식시켰기 때문이다. 그는 거래를 성사시키기 위해 당사자 모두의 관심과 이익을 연결시켰다. 모부투 대통령 같은 경우는 원하는 게 무엇인지 대통령 자신도 미처 깨닫지 못했던 것을 킹이 깨닫게 해준 셈이었다.

킹은 모부투 대통령이 자존심을 내세우고 세계 무대에서 유명 인사로 떠오르고 싶어 한다는 사실을 알았다. 세계 헤비급 타이틀매치는 충분히 그의 이름을 알릴 수 있는 수단이었다. 게다가 킹은 이 시합을 '정글의 결투The Rumble in the Jungle'라고 이름 붙였다.

권투 선수들에게 그만한 대전료를 제시하고 모부투 대통령에게 그만한 선물을 안겨줄 사람은 오로지 킹밖에 없었다. 이는 '나와 거래하지 않고는 이만큼 좋은 혜택을 얻을 수 없다'는 점을 보여주는, 미묘하고 독특한 형태의 레버리지라 할 수 있다. 협상을 성사시켜야 하는 당사자가 자신의 통제와 관리 밖에 있는 사람들에게서 지렛대 효과를 얻어냈기 때문이다. 킹의 이런 놀라운 프로모션은 알리가 포먼을 링에 눕히고 헤비급 챔피언 타이틀을 되찾는 길을 마련해주었다.

때론 막다른 상황이 레버리지가 된다

지난 몇 년간 가장 많이 받은 질문 중 하나가 레버리지가 없는 사람은 어떻게 해야 하느냐는 것이다. 누구나 레버리지를 갖고 싶어 하지만 갖고 싶다고 해서 레버리지가 저절로 생기는 것은 아니다. 레버리지와 관련해 킹에게서 배울 수 있는 교훈은 레버리지를 만들어내기 위해 노력하라는 것이다. 킹은 레버리지를 만들어내기 위해 극도로 정교하고 세심한 수완을 발휘해야 했다. 원래부터 가진 게 거의 없었기 때문이다.

나도 킹과 권투 협상을 몇 번 벌였던 적이 있다. 그중에서도 우리 측이 레버리지를 거의, 어쩌면 전혀 없었다고 할 수 있었던 협상이 기억난다. 그 상황에서 나는 결국 고객에게 킹의 제안을 받아들이라고 조언할 수밖에 없었다. 킹에게는 평소와 같은 권투

권투 프로모터 돈 킹

레버리지로 협상의 우위에 올라서라

협상 중 하나였을지도 모른다. 하지만 내게는 그의 명성에 맞서 준비 능력을 키울 수 있는 기회였다.

당시 내 고객은 1984년 올림픽 헤비급 금메달리스트였던 헨리 틸만Henry Tillman이었다. 틸만에게서 소식이 온 것은 알리와 포먼의 대결이 있고 한참이 지난 후였다. 틸만이 보낸 소식에는 이런 내용이 담겨 있었다. "한 시간 안에 시합 승낙 사인을 하지 않으면 없던 일로 하겠다고 킹이 몰아붙이는데요."

나는 킹의 관점에서 그의 제안을 들여다봐야 한다고 생각했다. 킹이 내 고객인 틸만에게 제시한 금액보다 더 적은 대전료를 제시한다고 해도 득달같이 달려들 선수들을 얼마든지 있었다. 그리고 킹은 자기 선수에게 알맞은 상대가 필요했다. 틸만은 그 선수의 상대가 되기에는 약간의 위험이 있었지만 어쩌면 킹도 그 문제에 대해서는 별로 신경 쓰지 않는 것 같았다. 협상을 하다 보면 어느 순간 상대방이 내놓은 제안이 최종 제안이라는 사실이 딱 와 닿는 시점이 있다.

이런 협상이 벌어진 이유는 믿기 힘든 결과가 벌어진 어떤 권투 경기 때문이었다. 1990년 2월 11일 도쿄에서 벌어진 세계 헤비급 타이틀매치에서 핵주먹 마이크 타이슨이 의외의 KO패를 당했다. 그리고 42 대 1로 타이슨의 승리를 점쳤던 도박사들의 예상을 뒤엎고 버스터 더글러스Buster Douglas가 챔피언에 등극하며 권투 역사상 가장 큰 이변의 주인공이 되었다. 시합이 열리기 전만 해도 타이슨은 천하무적이었다. 그때까지 대부분의 시합에서 늘 초반에 상대 선수를 쓰러뜨리며 37승 무패 가도를 달리던 타이슨이었다.

타이슨이 더글러스에게 패하자 킹은 타이슨을 다시 링으로 불러올릴 복귀전이 필요했다. 그러려면 타이슨이 건재하다는 사실을 보여줄 수 있는, 사람들이 인정할 만한 수준의 선수를 상대로 골라야 했다. 그 점에서 틸만은 완벽한 상대였다. 1983년 아마추어 선수 시절, 올림픽 선수 자리를 놓고 맞붙은 경기에서 틸만은 타이슨을 두 번이나 패배시킨 경력이 있었다. 틸만이 해볼 만하다고 생각하게 된 이유가 이 때문이다. 로키 마르시아노Rocky Marciano를 제외하고는, 아무리 훌륭한 헤비급 선수라도 누구나 숙명의 적수 혹은 천적으로 불릴 만한 상대가 한 명쯤은 있는 듯하다. 켄 노튼Ken Norton이 무하마드 알리에게 그랬듯이 과연 틸만도 타이슨의 천적 역할을 할 수 있을까?

"틸만, 자네의 구미가 당길 만한 제안을 하나 하지."

캘리포니아에 있는 틸만의 집으로 킹이 전화를 걸어왔다. 그가 처음 제시한 금액은 상당히 낮았다. 우리가 예상하기에 타이슨이 대전료로 받게 될 금액의 3분의 1에 불과할 것이었다. 물론 적지 않은 돈이긴 했다. 하지만 상대 선수가 자기보다 세 배나 되는 액수를 받는 걸 아는 이상에는 협상의 여지가 있다고 생각하는 게 당연했다.

킹은 이런저런 말로 분위기를 잡다가 본론을 꺼냈다. 즉, 한 시간 안에 서명하지 않으면 다른 선수를 찾아보겠다는 것이었다. 어느 순간 자신이 영향력을 행사할 만한 레버리지를 다 소진했다는 사실을 깨달을 때가 있다. 그렇다고 타이슨을 이길 수 있는 다른 선수가 있던 것도 아니었지만 어쨌든 틸만보다 이름 있는 선수들 중에도 킹의 제안을 기꺼이 받아들일 선수들은 많았다.

이제 킹은 최종 제안을 던졌고 공은 틸만에게 넘어간 게 분명해 보였다. 돈과 행운이 따를 수도 있는 기회를 잡든지, 아니면 그대로 모든 것을 포기하든지 둘 중 하나를 선택해야 했다. 틸만은 계약서에 서명했다. 그리고 곧이어 벌어진 대결에서 타이슨은 1라운드 KO승을 거두었다.

성공하는 레버리지의 조건

영화 「루디 이야기」의 주인공 다니엘 '루디' 루에티거는 노트르담대학의 미식축구 선수가 되겠다는, 실현 가능성이 전혀 없어 보이는 꿈을 이루기 위해 노력했다. 블루칼라 노동자 집안의 한 소년이 미식축구 영웅이 되고자 노력하는 이 이야기는 보는 사람들의 마음을 따뜻하게 해주는 전형적인 스토리다.

영화는 루디가 단 1분도 경기에서 뛰지 못한 채 미식축구 선수의 꿈을 접으려는 순간 절정에 달한다. 설사 경기에서 뛰지 못한다고 해도 그는 이미 처음 기대했던 것 이상으로 큰 성공을 거둔 상태였다. 비록 있으나 마나 한 존재였지만 그의 소망대로 노트르담 미식축구팀에 입단했기 때문이다.

루디가 대학 입학은 물론 노트르담 미식축구팀에 들어갈 수 있으리라고는 아무도 상상하지 못했다. 그럼에도 불구하고 루디는 대학에 입학하여 미식축구팀에 들어가 자신만의 방식으로 팀의 중요한 일원으로 자리 잡았다. 감독도 그 점을 인정했지만 루디를 경기에 출전시킬 의향은 없는 듯했다.

뜻밖에도 이 부분에서 레버리지를 잘 보여주는 장면이 나온다. 팀의 스타급 선수를 필두로 선수들이 댄 디바인 감독의 사무실을 찾아온다. 그리고 돌아가며 유니폼을 책상에 올려놓으면서 "이건 루디를 위한 겁니다"라고 말한다. 자기 대신 루디를 경기에 출전시켜 달라는 마음을 표현한 것이다. 만일 선수 한 명이 그랬다면 물리칠 수도 있었겠지만 주장을 시작으로 모든 선수가 차례로 걸어들어오는 모습에 감독도 루디의 출전을 허락하겠다는 표정을 짓는다. 선수들이 연대를 결성해 레버리지를 만들어낸 것이다.

이처럼 영향력을 조직하는 일은 독특한 기술을 필요로 한다. 디바인 감독의 선수들은 굳이 물리적인 힘을 쓰지 않고도 레버리지를 만들어낼 수 있다는 사실을 보여주었다. 그들은 팀 미팅 시간에 항명하거나 큰소리로 반항하기보다는 그들이 바라는 바를 교묘한 방법으로 명확히 전달했다. '감독님, 감독님이 유리한 위치를 선점했을지도 모르지만 우리는 이 연대를 구성함으로써 주도권을 우리 쪽으로 가져왔습니다'라는 메시지를 완곡하게 전달한 것이다. 이런 레버리지는 상대가 두 손을 들게 하지만, 이와 달리 고압적이고 방만한 태도로 일관하면 상대방의 비이성적인 반응을 도발할 수도 있다.

지나친 과신은 실패를 부른다

3장에서 언급했던 아이스하키 선수노조는 실패한 연대의 본보기였다. 이 사례에서는 레버리지의 결여를 중요한 이유로 꼽을 수 있다. 하지만 영화 「루디 이야기」에서 댄 디바인 감독은 선수들의 연대 의식이 필요했고 그렇게 되리라 믿었다. 그리고 선수들이 요구한 사항은 루디의 딱 한 경기 출전이었다.

이와 달리 레버리지를 행사하기 위해 오랜 기간에 걸쳐 연대 결성을 유지하려 하면 문제가 발생한다. 1987년 NFL 선수단 파업 때 대체 선수들이 투입된 사례는 우리에게 시사하는 바가 크다. 당시 선수단 파업의 주목적은 더 많은 혜택과 수입을 얻기 위해서였다. 선수들은 대부분 자신의 능력과 기술을 다른 사람들이 대체할 수 없다고 생각한다. 그러나 구단주들은 보란 듯이 무명 선수들을 동원해 팀을 꾸려나갔고, 결국에는 일부 베테랑 선수들까지도 시위에 참가하게 되었다.

미식축구와 아이스하키 선수노조에 있었던 선수들은 그들 자신을 오판하고 있었다. 그들뿐만이 아니다. 사람들은 가끔 자신의 레버리지나 영향력을 과대평가한다. 자신이 힘을 가졌을 때, 혹은 힘을 가졌다고 느낄 때 그 힘을 과시하지 않도록 조심해야 한다. 환경이 변할 수도 있지만 자신의 힘을 오판할 수 있기 때문이다.

다소 놀라운 이야기지만, 상대방은 단지 당신과 엮이고 싶지 않다는 이유로 손을 떼버리거나 당신의 제안보다 더 나쁜 조건을 받아들여 다른 사람과 일을 추진할 수도 있다.

크리켓에서도 그와 유사한 사례가 있었다. 영국 프리미어리그EPL의 인도판 크리켓 버전인 인디언 프리미어리그Indian Premier League, IPL는 8개 팀이 참가해 한 시즌에 56경기를 치르는 일정으로 2007년에 출범했다. 팬들은 흥분에 휩싸였고 엄청나게 밀려드는 광고 수입 덕분에 IPL은 순식간에 어마어마한 가치를 지닌 기업으로 떠올랐다.

이에 기세가 등등해진 리그 관계자들은 초반부터 IPL의 수입에 도움이 되지 않는다고 판단될 경우 인터넷에 글이나 사진의 게재를 금하는 조치를 취했다. 또한 개별 웹사이트의 경기 중계도 인정하지 않았으며, 독자적인 이미지 저작권 유지를 원했다. 사진 기자들은 촬영 24시간 이내에 자기가 찍은 사진을 IPL 공식 사이트에 올려야 했다.

그러자 언론은 힘을 합쳐 대응에 나섰다. 지원군의 힘을 얻은 로이터와 AP는 IPL 경기를 보이콧하겠다며 으름장을 놓았다. 결국 IPL은 신문과 웹사이트에 가하던 규제를 풀었다. 이와 마찬가지로 FIFA도 2006년 월드컵 때 IPL과 유사한 행동을 취하려다가 그만둔 적이 있다. IPL의 사례에서 우리는 준비를 철저하게 해야하는 것과 더불어 어떤 협상에서든 자신의 영향력을 과대평가해서는 안 된다는 교훈을 얻을 수 있다.

'솔직한' 비즈니스가 더 나은 이유

레버리지를 형성하려면 솔직해야 한다는 게 내 생각이다. 특히 자신에게 레버리지가 없다는 사실을 인식하고 레버리지를 만들어낼 방법을 강구해야 한다면 더욱 그렇다.

킹과 틸만의 협상에서 우리는 킹이 허풍을 떠는 게 아니라 실제로 똑같거나 더 낮은 계약 조건에도 다른 선수를 쉽게 찾을 수 있다고 확신했다. 킹에게는 협상 관련 전문 용어로 BATNA(협상을 통한 합의안에 대한 최선의 대안), 즉 협상이 실패할 경우에도 자신의 이해를 충족시킬 최상의 대안이 있었다. 킹이 경기를 기획하면서 틸만이 아마추어 시절에 타이슨을 이긴 적이 있다는 사실을 강조하거나 적극 활용하지 않은 점만 봐도 분명했다. 틸만이 아니라도 그 자리에 들어갈 선수는 얼마든지 있었다. 틸만이 제안을 거절해봐야 결국 부동산중개인 자격시험 준비 같은 대안밖에 남지 않는다는 점을 킹은 분명히 알고 있었다.

최상의 BATNA를 가진 측이 가장 좋은 레버리지를 가지며 거래에서 가장 좋은 결말을 차지할 확률이 높다. 그리고 이렇게 강력한 BATNA가 없을 경우 사람들은 자주 거짓말을 하게 된다. 이런 부정직한 행위로 한 번 정도, 어쩌면 여러 번도 성공을 거둘 수는 있다. 하지만 거짓말이 들통 나고 신용을 잃으면 회복은 불가능에 가깝다.

애리조나 다이아몬드백스Arizona Diamondbacks 구단의 최고경영자 제프 무라드Jeff Moorad는 한때 에이전트였다. 그는 정직하지 못한 사

금메달, 멋지지. 하지만 금메달을 따지 못했다고 부족함을
느끼는 사람은 금메달을 따도 만족하지 못하지.

– 영화 「쿨 러닝Cool Running」 중에서 –

람으로 알려진 어느 에이전트에 대해 이렇게 말했다. "자기 선수
에게 관심을 갖는 팀이 있다고 아무리 말해봐야 그의 말을 믿는
단장은 아무도 없습니다. 워낙 사실을 왜곡하는 사람으로 알려져
있으니까요."

미식축구 에이전트 레이 스타인버그Leigh Steinberg는 자신이 생각
하는 레버리지의 중요성에 대해 글을 쓴다. 그는 자신에게 대안이
있을 것이라고 상대방이 생각하도록 만드는 데 집중한다. 그가 만
든 12가지 필수 규칙 중 하나는 상대방으로 하여금 자기에게 대
안이 있다고 믿게끔 만들라는 것이다.

분명 당신은 당신이 강력한 제안을 할 것이라고 상대가 믿도
록 만들 수 있겠지만, 이는 자칫 파멸에 이르는 길이 될 수도 있
다. 스스로 거짓이라는 구렁텅이에 빠질 수 있기 때문이다. 경고하
건대 준비 과정에서 대안을 갖춘 제안과 관련해 신중하게 전략을
세워두도록 하라. 물론 거짓말을 하고도 빠져나왔다면 그 거짓말
이 드러나지 않는 한 당신의 입지는 더 강화될 수도 있다.

나는 샬럿 밥캐츠의 임원인 자레드 바티Jared Bartie에게 "협상과 관련해서 전해주고 싶은 가장 중요한 조언이 무엇인가?"라고 물은 적이 있었다. 그의 대답은 이랬다. "진실한 태도를 유지해야죠. 비즈니스에서 부정적인 평판을 얻어서는 안 되니까요. 자기가 하는 말에 진심을 담아야 합니다."

여느 업계와 마찬가지로 수천 명이 참가하는 스포츠도 따지고 보면 상당히 좁은 바닥이라 할 수 있다. 더구나 자기에 대해 부정적인 소문이 떠돌 경우 입지는 더욱 좁아진다. 여러 문제가 그렇듯이 이 역시 준비에서 시작해야 한다. 즉석에서 임시방편 식의 제안을 던지기보다는 미리 계획해둔 제안을 전달한다면 진실성을 유지할 가능성이 높다.

사람들은 대부분 협상에서 솔직해지고 싶어 한다. 그러려면 먼저 솔직하게 행동하겠다고 자신에게 약속해야 한다. 그러면 힘든 질문들이 쏟아져도 대답하기가 쉽다. 예를 들어 회사 출범을 기념하기 위해 멋진 행사를 열 계획인데 당신이 그 업무를 맡아 홍보회사 담당자를 만난다고 하자. 당신은 그 담당자에게 화려한 개막식 행사를 열고 싶다고 얘기한다. 그러자 그 담당자가 (아직 당신이 그 회사에 일을 맡기기로 결정하지 않은 상태에서) "좋죠, 우리도 이 작업이 마음에 드는군요. 예산은 어느 정도를 생각하십니까?"라고 묻는다. 그러면 당신은 어떻게 답해야 할까?

아마도 당신은 협상 모드로 돌입하면서 이런 생각이 먼저 들 것이다. '내가 액수를 말해주면 그걸 듣고 자기네 수수료를 정하는 데 사용하겠지.' 그래서 예산을 낮춰서 알려주기보다는 수수료 협상에서 유리한 고지를 차지하기 위해 이렇게 말할 수도 있다. "먼저 그쪽의 기본 수수료에 대해 얘기해보죠." 이 말은 곧 '우리는 지금 협상 중입니다. 왜 내가 당신에게 모든 걸 다 드러내야 하죠?'라고 말하는 것과 같다.

레버리지 100% 활용하기

돈 킹 외에도 NFL 쿼터백 존 얼웨이John Elway와 일라이 매닝 또한 영향력 행사의 사례를 잘 보여준다. 얼웨이는 1983년에, 매닝은 2004년에 각각 전체 1순위로 팀에 입단했다.

얼웨이는 볼티모어 콜츠Baltimore Colts에서 1차지명을 받았지만 입단을 거부했다. 그에게는 레버리지가 있었다. 2년 전 뉴욕 양키스 야구단과 사인을 하고 선수로 뛴 적이 있었던 사실을 활용했기 때문이다. 얼웨이는 1981년 양키스에 입단했었다. 타율 .318을 기록했지만 메이저리그에 올라갈 기량이 충분한지에 대해서는 의견이 분분했다. 양키스에서 전권을 휘두르던 구단주 조지 스타인브레너George Steinbrenner는 얼웨이가 계속 고집을 부릴 경우 결국 치열한 돈의 전쟁이 벌어질 거라는 사실을 너무나도 잘 알고 있고 있었다.

서부 리그에서 뛰고 싶다는 얼웨이의 주장에도 불구하고 볼티모어 콜츠는 샌디에이고나 시애틀, 로스앤젤레스 같은 서부 팀에게 지명권을 양도하지 않고 고집을 부렸다. 얼웨이는 당시 콜츠 감독이던 프랭크 쿠시Frank Kush에게 이렇게 말했다. "저도 이상한 놈이 되기는 싫지만, 콜츠에서는 뛰지 않겠다고 우리(얼웨이와 에이전트 마빈 데모프Marvin Demoff, 당시 새너제이 주립대학교 미식축구팀 감독이던 아버지 잭Jack)가 지난 3개월 동안 계속해서 말씀드렸잖습니까." 그런 다음 얼웨이는 기자회견을 자청해 이런 발표를 했다. "현재 상황으로는 양키스에 가서 야구를 해야 할 것 같습니다. 콜츠 구단은 제게 결정권이 있다는 걸 알면서도 포기하지 않고 있습니다." 결국 콜츠는 얼웨이를 덴버 브롱코스Denver Broncos로 트레이드했고 얼웨이는 덴버에서 6년간 1,270만 달러에 계약했다.

그에 비해 일라이 매닝의 레버리지는 약한 편이었다. 매닝에게는 차라리 야구를 하겠다고 고집 피울 만한 대안 같은 게 없었다. 그는 그저 샌디에이고에서 뛰고 싶지 않다는 점을 분명히 했다. 매닝의 집안에서는 샌디에이고 팀에서 뛰는 것이 아들의 장래를 위해 좋을 게 없다고 판단했다. 2003시즌 샌디에이고는 4승 12패로 최악의 성적을 기록했다. 그 결과 샌디에이고는 그해 드래프트 전체 1순위 지명권을 획득할 수 있었다. 뉴욕 자이언츠 역시 그 시즌에 4승 12패를 기록하면서 팀을 대표할 만한 쿼터백이 필요하다는 결정을 내렸다.

그러면 매닝의 레버리지는 무엇이었을까? 그냥 선수 생활을 그만둘 수도 있다는 주장이었다. 더욱 중요한 사실은 샌디에이고 차저스Chargers가 협상을 질질 끌 필요를 느끼지 못했고, 매닝이 바라는 대로 해주면 문제 발생을 피할 수 있다고 생각했다는 점이다.

재미있는 사실이 하나 있다. 뉴욕 자이언츠 단장 어니 아코시 Ernie Acorsi는 얼웨이를 놓쳤을 당시 볼티모어 콜츠의 단장이었던 인물이다. 그랬던 아코시가 이번에는 훼방꾼의 역할을 하게 된 것이다. 그는 매닝에게서 얼웨이의 모습을 보았다. 뉴욕 자이언츠는 전체 4순위로 지명한 필립 리버스Philip Rivers와 그해 3라운드 지명권, 다음 해 1라운드와 5라운드 지명권을 샌디에이고에 넘겨주고 매닝을 데려왔다.

단체 협상의 위력

1966년 당대 최고의 투수 두 명이 같은 팀에서 함께 활약한 적이 있다. 바로 LA 다저스의 전성기를 이끌었던 돈 드라이스데일 Don Drysdale과 샌디 쿠팩스Sandy Koufax다. 이때만 해도 트레이드 말고는 선수들의 팀 이동 가능성이 거의 없던 시절이라 선수들에게는 활용할 수 있는 레버리지가 그리 많지 않았다. 에이전트의 활약도 미미하던 때였다. 그래서 이 두 사람은 할리우드 영화제작자 출신 J. 윌리엄 헤이즈J. William Hayes에게 연봉 협상을 부탁했다.

헤이즈는 이 협상에서 레버리지를 활용할 가능성을 찾아냈다. 그는 선수당 3년간 16만 7,000달러의 연봉 지급을 요구했고 구단이 받아들이지 않으면 계약을 포기하겠다고 위협했다. 헤이즈가 요구한 연봉은 당시 최고 연봉을 받던 명예의 전당 헌액자 윌리 메이스Willie Mays의 연봉보다 4만 7,000달러가 더 많은 금액이었다. 다음 협상 시기가 되자 구단에서는 이런 식의 단체 협상을 거부하기로 했다. 선수노조는 구단들도 서로 짬짜미하지 않겠다는 약속을 받은 후 구단의 제안에 동의했다.

돈 킹처럼 자신의 기술과 설득력에 대한 믿음을 통해서든, 아니면 J. 윌리엄 헤이즈처럼 독창적인 방법을 사용하든 당신이 생각하고 노력해서 만들어낸 레버리지는 틀림없이 귀중한 자산이 될 것이다.

타이밍을 잡아라

타이밍과 레버리지의 관계는 두 가지 측면에서 생각할 수 있다. 첫째, 레버리지는 일시적이다. 환경이 변하면 사라질 수 있다. 둘째, 레버리지는 당사자들이 거래의 미래 가치를 어떻게 보느냐에 따라 달라진다. 이 또한 일시적인 개념이긴 하지만 스포츠 업계에서는 검증되지 않은 선수의 후원 가치를 결정해야 할 때 종종 발생한다. 고등학교나 대학교의 아마추어 선수들을 생각해보면 알 수 있다.

레버리지는 있을 때 신속하게 활용하지 않으면 사라져버리기도 한다. 이는 처음에 받을 수 있었던 높은 금액을 못 받을 수도 있다는 말이기도 하다. 이런 레버리지의 이동을 잘 보여주는 사례로 호나우두 계약 건을 들 수 있다. 2007년 이탈리아 프로축구팀 AC 밀란은 호나우두를 영입했다. 원래는 호나우두 영입을 위해 전 소속팀 레알 마드리드에 이적료로 2,850만 달러를 지불할 생각을 하고 있었다. 하지만 몇 달 후 고작 973만 달러만 지불하고도 선수를 데려올 수 있었다. 타이밍이 좋았다. 시간이 지나면서 호나우두에 대한 AC 밀란의 관심이 시들해졌기 때문이다. 이처럼 레버리지는 종종 일시적인 기회에 불과할 때가 있다. 레버리지는 있을 때 활용해야 한다.

레버리지가 있을 때 적절한 타이밍은 확실히 좋은 성과를 낸다. 하지만 때로는 인위적으로 시간제한을 두어 협상을 성사시키기도 한다. "오늘 결정을 내리지 않으면 시즌이 끝날 때까지 다시 만날 일은 없을 겁니다." 유명 야구 선수를 고객으로 둔 에이전트 스탠리 킹Stanley King이 구단에 던진 말이다. 이는 그냥 막 던진 말이 아니었다. 그런 식으로 말해도 좋다는 허락을 고객에게서 미리 받아둔 상태였다. 그랬기에 그는 자기 발언에 확신을 담아 전달할 수 있었다. 다음에 벌어진 일에 대해 킹은 이렇게 설명했다. "그날 저녁 11시까지 회의실에 틀어박혀서 협상을 벌였습니다. 그리고 계약을 따냈죠."

안나 쿠르니코바는 프로테니스 선수로 성공을 거두기 이전부터 엄청난 후원을 얻어내는 데 성공했다. 프로골퍼 미셸 위도 마찬가지였다. 농구 스타 르브론 제임스 역시 프로 팀에서 실력을 증명하기도 전에 이미 경제적으로 막대한 금액의 후원을 받았다.

천재 골퍼 미셸 위

협상은 스포츠에서 배워라

무려 9,000만 달러라는 놀라운 금액으로 나이키와 광고 계약을 맺은 것이다.

나이키를 비롯한 후원 업체들은 마치 새로운 벤처 기업에서 초기 참여 기회를 찾아내는 투자자들처럼 움직인다. 모든 면에서 성공 가능성이 높아 보이면 선수가 전성기에 이르기 전에, 비용이 가장 저렴할 때 후원을 제안해서 선수를 잡는 게 충분한 가치가 있다고 믿는 것이다. 따라서 가치를 파는 쪽에서는 자신이 사람들의 기대를 넘어서는 엄청난 가치를 창출해낼 수 있다는 점을 설득력 있게 주장해야 한다.

위에 언급한 세 선수 모두 이런 점에서 잘 맞아떨어졌다고 할 수 있다. 안나 쿠르니코바는 일류 선수가 될 수 있는 자질뿐 아니라 뛰어난 미모를 지니고 있었다. 비슷한 기량을 지닌 다른 선수들을 앞설 수 있는 그녀만의 경쟁력인 셈이었다. 덕분에 그녀는 연간 무려 1,500만 달러라는 광고 계약을 따낼 수 있었다.

어려서부터 골프계에 돌풍을 일으켰던 미셸 위도 유사한 경우다. 그녀 또한 매력적인 여성이면서도 타이거 우즈처럼 아주 어렸을 때부터 골프에서 성공 가도를 달렸다. 후원사들은 여자 타이거 우즈를 잡을 수 있는 기회를 놓칠까 두려워했다. 먼저 계약하지 않으면 누군가가 분명히 계약할 거라는 게 그들의 생각이었다. 그 결과 미셸 위는 프로 데뷔 첫해에 최소 1,000만 달러 이상의 스폰서 계약을 이끌어냈다.

베테랑 협상가이자 스포츠 및 마케팅 컨설팅 업체로 유명한 옥타곤Octagon Athletes & Personalities 대표 필 드 피치오토Phil de Picciotto는 이를 '장래성' 협상이라 부른다. 그는 이런 상황에서 상대방을 움직이는 감정에 대해 이해해야 한다고 말한다. 피치오토는 이런 질문을 던진다. "그들이 왜 가능성에 관심을 가질까? 그들이 느끼는 감정이 어느 정도 심각한 것이며 나는 어떻게 그것을 이용할 수 있을까?" 바로 그 감정적 평가에 가치를 부여하는 것이 장래성 협상의 핵심이다.

일관성이 만들어내는 잠재 레버리지

3장에서도 언급했지만 일관성에서 레버리지를 얻는 경우도 종종 있다. 사람들은 다른 사람들에게 적용했던 것과 똑같은 기준이 자신에게도 적용되기를 원한다. 또한 사람들은 스스로 합리적인 사람으로 보이고 싶어 하기 때문에 일관성 있게 행동하려고 한다. 특히 과거 협상에 대한 정보가 공개되어 있을 때 더욱 그렇다.

알 데이비스Al Davis의 변호사이자 샌프란시스코 시장을 지냈던 조 알리오토Joe Alioto는 "알이 그냥 '여러분, 로젠블룸 씨와 똑같은 판단을 바랍니다'라고만 하면 돼"라고 말했다. 그는 알 데이비스가 소유한 오클랜드 레이더스Oakland Raiders 구단이 LA로 이전하는 문제를 두고 구단주 회의에 집중하고 있었다.

데이비스와 알리오토가 생각하기에는 LA 램스 구단주 캐럴 로젠블룸Carroll Rosenbloom도 LA에서 애너하임으로 구단 연고지를 옮기면서 리그의 허락을 제대로 구하지 않았다. 게다가 그때까지 미개척지였던 NFL 영역으로 들어가는 특혜를 받으면서도 어떤 비용도 지불하지 않았다. 로젠블룸은 애너하임 시와 간단하게 구단 이전에 합의했고, 4개월이 지나자 다른 구단주들도 그 이전에 동의해주는 걸로 끝나버렸다.

하지만 데이비스와 로젠블룸은 인간관계에서 분명한 차이를 보였다. 데이비스가 자주 괴팍하고 반항적인 태도를 보인 반면 로젠블룸은 동료 구단주들과 오랫동안 긍정적인 관계를 유지하고 있었다. 하기야 1960년대 중반에 AFL*을 이끌면서 NFL 팀들을 괴롭혔던 장본인이 바로 데이비스 아니었던가. 두 리그가 통합되면서 데이비스가 아닌 피트 로젤이 커미셔너가 되었지만 과거의 나쁜 기억은 쉽게 사라지지 않고 있었다. 둘 사이에는 여전히 앙금이 남아 있었다.

1980년대 초반에 열렸던 그날 구단주 회의에서는 데이비스가 레이더스를 오클랜드에서 LA로 옮기려면 어떻게 해야 하는지가 가장 큰 주제였다. 하지만 데이비스는 동료 구단주들의 환심을 사기 위해 아무런 노력도 기울인 적이 없었다. 피트 로젤은 구단주들에게 "리그 차원에서의 사고"를 강조했지만 데이비스는 다른 구단을 염두에 두지 않은 청개구리처럼 행동해왔다.

---

* American Football League. 1966년에 설립된 미국 프로미식축구리그로, 1970년에 NFL과 합병을 결의했다.

리그만큼이나 짜증이 난 데이비스가 바라는 것은 자기도 동일한 취급을 받고 싶다는 것이었다. 하지만 동일한 취급을 요구하는 데이비스의 주장과, 그리고 그 주장에 담겨 있어야 할 레버리지는 효력을 발휘하지 못했다. NFL 구단주들은 데이비스의 구단 이전에 동의하지 않았다. 일반적으로 동등함과 일관성은 레버리지라는 영향력을 발휘하지만 그동안 데이비스와 리그가 쌓아온 부정적인 관계는 이마저 무력화하고 말았다. 이 결정은 곧 소송으로 이어졌다.

진정성과 실행 가능성을 둘 다 갖춘 좋은 레버리지는 강력한 힘을 발휘한다. 노트르담대학의 댄 디바인 감독은 루디를 출전시키지 않으면 선수들이 경기를 하지 않을 시점까지 왔다는 사실을 깨달았다. 존 얼웨이는 입단 거부가 받아들여지지 않으면 야구를 하려고 했다.

상대방에 비해 레버리지가 적거나 아예 없는 경우 협상은 어려운 방향으로 흘러간다. 하지만 미래의 가능성에 대해 긍정적이고 믿을 만한 그림을 그려낸다면 레버리지를 만들어낼 수 있는 길은 많다. 쉽지는 않은 일이지만 자신에게 주어진 레버리지가 거의 없을 경우에는 해야만 하는 일이다. 또한 레버리지는 연대와 타이밍, 일관성 있는 행동과 적절한 기준점을 활용해서 찾을 수도 있다. 하지만 자신의 레버리지가 아무리 크다고 해도 부정적인 관계가 존재한다면 협상 타결은 실패로 돌아갈 수 있다. 이 관계적 문제에 관해서는 다음 장에서 좀 더 깊이 다룰 것이다.

협상의 달인으로 거듭나기 위한 지침

1. 지렛대를 들어 올리는 데 도움을 줄 모든 받침대를 찾아내라. 강력한 지렛대를 만들어 사용하라.
2. 레버리지가 부족하다면 진실한 태도를 보여라.
3. 자신의 레버리지를 자랑하지 마라.
4. 레버리지를 신속하게 사용하라. 그렇지 않으면 금세 사라져버릴 수도 있다.
5. 가장 강력한 레버리지는 상대방이 세운 기준점일 수 있다는 사실을 기억하라.
6. 부정적인 관계가 레버리지의 힘을 무력화할 수 있다는 점을 인식하라.

Negotiate Like the Pros

5.

인간관계와 이해관계에 집중하라

배울 점이 많고 우승하는 법을 아는 레이서들이 많은 팀에
들어가게 돼서 무척 기쁩니다.

– 다니카 패트릭 –
2006년 라할 레터맨 레이싱 팀에서
안드레티 그린 레이싱 팀으로 이적을 앞두고

인간관계와 이해관계에 집중하라

배울 점이 많고 우승하는 법을 아는 레이서들이 많은 팀에
들어가게 돼서 무척 기쁩니다.

- 다니카 패트릭 -
2006년 라할 레터맨 레이싱 팀에서
안드레티 그린 레이싱 팀으로 이적을 앞두고

"다음 질문?"

드루 로젠하우스Drew Rosenhaus*는 그의 고객 터렐 오웬스Terrell
Owens를 둘러싸고 쏟아지는 기자들의 질문에 차례로 대응해나갔
다. 로젠하우스는 수많은 카메라와 기자들에게 둘러싸인 채 뉴저
지 모리스타운에 있는 오웬스의 집 앞마당에 서 있었다. 오웬스는
방금 소속팀 필라델피아 이글스Philadelphia Eagles와 팀의 쿼터백 도노

---

*NFL의 파워 에이전트인 로젠하우스는 예상을 뛰어넘는 협상 전술로 유명하다.

반 맥냅Donovan McNabb에 대한 자신의 발언들이 부적절했다며 사과를 마친 상태였다.

부정적인 발언의 시초는 2005년 39회 슈퍼볼에서 필라델피아가 뉴잉글랜드 패트리어츠New England Patriots에게 패배하고 나서였다. 인터뷰 도중 기자들은 오웬스에게 만일 그린베이 패커스Green Bay Packers의 쿼터백 브렛 파브Brett Favre가 이글스로 온다면 무적의 팀이 되겠느냐는 질문을 던졌다. 그 질문에 오웬스는 "좋은 생각이네요"라고 답했다. "저도 찬성입니다. 파브의 기여도나 능력을 생각했을 때 말이죠."

그에게서 이런 발언이 나올 줄은 아무도 예상하지 못했다. 그러면 자기 팀의 쿼터백 맥냅은 능력 미달이란 말인가? 필라델피아 전화 토론 프로그램을 시작으로 거의 모든 사람들이 오웬스의 말을 이렇게 받아들였다.

결국 오웬스와 로젠하우스는 집 앞에서 뜻하지 않게 기자회견을 열게 되었다. 며칠 전 구단은 '팀에 유해한 언행'을 이유로 오웬스에게 출장정지 징계를 내렸고, 오웬스는 맥냅에게 사과했다. 하지만 사과가 충분치 않았던지 이날 로젠하우스에게 쏟아지는 질문은 그칠 줄을 몰랐다. 로젠하우스는 이럴 때면 늘 사용하는 "다음 질문"으로 사태를 능숙하게 수습하려 했다. 그는 자기 고객의 열성적인 옹호자로서 고객을 향해 쏟아지는 뜨거운 질문들을 대신 막아내고자 했다.

로젠하우스의 노력에도 불구하고 언론은 그와 오웬스에게 전혀 호의를 보이지 않았다. 전문가들은 그 사건이 오웬스의 선수 경력에 큰 오점을 남겼다며 회복이 거의 불가능할 정도라고 확신했다. 단기적 광고 섭외와 이글스 구단과의 계약 가능성을 놓고 보면 맞는 말이기도 했다. 하지만 그런 비평도 미식축구 선수로서 그의 앞날을 가로막지는 못했다. 오웬스가 팀워크를 무너뜨린다거나 로젠하우스의 방법이 잘못됐다는 우려도 오웬스의 경기 능력 앞에서는 힘을 잃었다.

오웬스가 출장정지를 당하자 로젠하우스는 다른 팀에서 기회를 찾아 나섰다. 오웬스는 지난 슈퍼볼에서 뛰어난 기량을 선보였고 이글스와 새로운 조건으로 재계약하고 싶어 했다. 그는 시즌 중 종아리뼈가 부러지고 인대가 파열되는 부상을 입었지만 보란 듯이 복귀해서 슈퍼볼 경기에서 좋은 활약을 펼쳤다.

오웬스는 이미 7년간 4,900만 달러에 이글스와 계약을 맺은 상태로 2005년에 350만 달러의 연봉을 받기로 되어 있었다. 하지만 오웬스는 그 계약이 총액을 균등하게 나눠 주지 않고 첫 두 해 동안 지나치게 낮은 연봉을 지급하게 되어 있는 백로디드back-loaded 계약이라면서, 그 액수로는 NFL 와이드리시버 톱 10*에도 끼지 못한다고 주장했다. 하지만 이글스 구단은 새로운 계약 조건을 받아들이지 않았다.

결국 로젠하우스는 3년간 2,500만 달러에 댈러스 카우보이스

---

* 공격 포지션 중의 하나인 와이드리시버는 쿼터백으로부터 포워드패스를 받는다. 이들의 평가 기준 1순위는 포지션 이름에 걸맞게 '볼을 잡는 능력'이다.

Dallas Cowboys와 계약을 맺었다. 오웬스에게 첫해 연봉 500만 달러, 보너스 500만 달러를 지급한다는 내용이었다. 그리고 2008년에 로젠하우스는 1,290만 달러 보너스를 포함해 4년간 3,400만 달러를 받는 새로운 계약을 따냈다. 오웬스도 대체로 그에 걸맞은 기량을 꾸준히 보였다. 열정적인 스타일과 성공적인 계약 협상 덕분에 로젠하우스를 찾는 선수들도 많아졌다. 이글스는 거래 협상에 여전히 시간적 여유가 있었음에도 엄격한 정책을 고수하는 구단이다. 로젠하우스에게는 커다란 모험이었지만 결론적으로는 자신과 고객 모두에게 그만한 가치가 있었다.

시간이 지나면서 드루 로젠하우스를 좋아하는 선수들이 많아졌다. 에이전트를 고용하는 사람은 다름 아닌 바로 선수다. 로젠하우스가 하는 일은 자신에게 돈을 주는 사람들, 즉 미식축구 선수들과 가능한 한 끈끈한 관계를 맺고 유지하는 것이다. 그가 선수들을 위해 관심을 기울이는 모습은 말 그대로 의리가 무엇인지를 보여준다. 100여 명의 고객을 둔 그는 늘 휴대전화를 여러 대가지고 다니며 언제든 선수의 연락을 받을 수 있도록 만반의 준비를 갖춘다. 자신의 이미지를 가꾸는 데 신경을 많이 쓰는 레이 스타인버그와 달리, 로젠하우스는 다른 누구에게도 신경 쓰지 않고 선수들과의 관계에만 집중하는 에이전트다.

로젠하우스는 최상의 계약을 따내고 싶어 하는 선수 고객들의 이익을 위해 일한다. 프로미식축구 선수들의 평균 활동 기간은 3년이 조금 넘기 때문에 선수들에게는 이 짧은 기간 동안 최대한의 연봉을 받아내는 것이 중요하다. 그러면 로젠하우스가 얻는 이익은 무엇일까? 그 역시 고객을 위해 최고의 계약 조건을 따내면서 새로운 고객을 불러 모으게 된다. 협상 체결에서 금전 외에 중요한 요인을 따지자면 '관계'와 '이익'이라는 요소가 밀접하게 연결되어 있다.

돈보다 소중한 관계

『협상의 심리학The Power of Nice』이라는 책을 쓴 론 샤피로Ron Shapiro도 좋은 에이전트의 사례다. 그가 사람들을 대하는 태도에는 진정성이 담겨 있으며 고객들과 나누는 관계에서도 그런 태도가 그대로 드러난다.

샤피로가 생각하는 모든 협상과 거래에 관계된 이해당사자들은 서로 이득을 주고받는 관계다. 칼 립켄 주니어Cal Ripken Jr.와 커비 퍼켓Kirby Puckett의 계약 대행자로도 유명한 샤피로는 단기적으로 큰돈을 벌고 팬들에게서 멀어지는 계약보다는 긍정적이고 장기적인 관계를 유지하며 꾸준히 수익을 올릴 수 있는 계약에 더 신경 썼다. 선수 생활의 대부분을 한 도시에서 보내는 일이 드물던 시절, 칼 립켄 주니어와 커비 퍼켓은 예외적인 선수였고 그 뒤에는 샤피로가 있었다. 그리고 두 선수 모두 FA가 되었을 때 더 많은 돈을 받고 다른 구단으로 가지 않고 한 구단에서 선수 경력을 시작하고 마쳤다.

스포츠 에이전트의 선구자라 불리는 밥 울프Bob Woolf 역시 협상 상대와 이익을 함께 나눠야 한다고 말한다. "내가 했던 모든 협상에서 액수를 원하는 만큼 다 받아낸 적은 단 한 번도 없었다. 늘 적정 수준에서 물러났다." 울프에게 관계란 그만큼 중요한 것이었다.

오래 지속되는 관계를 맺고 싶다면 협상 상대가 자기도 혜택을 얻을 수 있다는 점, 당신이 모든 이익을 독식하지 않는다는 점을 인식하도록 만들어야 한다. 훌륭한 협상가는 협상 과정뿐만 아니라 협상 준비에서부터 관계 유지에 관심을 기울인다. 하지만 드루 로젠하우스가 보여주듯이, 어떤 관계가 더 중요한지 결정하는 일은 자신의 몫이다.

사람을 움직이는 것은 무엇인가

관계는 넓게 보면 문화적인 면과도 관련이 있다. 21세기에 가장 주목할 만한 선수를 꼽으라면, 휴스턴 로키츠Houston Rockets의 센터로 2002년 NBA에 진출한 후 올스타 득표에서 최다 득표를 얻었던 야오 밍을 꼽을 수 있다. 그가 미국에서 선수 생활을 하게 된 경위와 로키츠에 들어갈 수 있었던 행운은 모두 그를 도와준 주변 사람들과의 '관계'와 관련이 있다. 그들 모두가 관계의 중요성을 잘 알고 있었다. 에이전트 빌 더피Bill Duffy, 시카고대학교의 존 후이징가John Huizinga 교수, 대학원생 에릭 장Erik Zhang이 바로 '팀 야오', 즉 조력자 팀의 시초였다.

당시 에릭 장은 지금의 아내가 된 여성과 만나고 있었는데 그녀의 사촌이 야오 밍이었다. 장은 교수였던 존 후이징가에게 여러 차례 도움을 요청했다. 결국 후이징가는 나중에 야오 밍의 NBA 계약을 담당하게 되었다. 빌 더피는 오랫동안 활동하며 풍부한 경험을 쌓은 에이전트로서 야오 밍의 시장가치를 극대화시키는 역할을 했다. 어쨌든 그 이후 (정치적인 문제로) 중국농구협회는 중국에 야오 밍의 에이전트가 있어야 한다고 요구했고, 그때 루 하오가 중국 대리인이 되었다.

중국 정부는 농구 선수의 NBA 진출에 부정적인 태도를 취하고 있었다. 야오 밍 이전에도 미국으로 갔다가 돌아오지 않은 선수가 있었기 때문이다. 더구나 야오 밍의 올림픽 국가대표 출전 여부가 확실치 않은 상황에서 중국 정부는 조심스레 움직일 수밖에 없었다. 중국 측에서 가장 우려했던 부분은 누구에게 야오 밍의 대리인 자격을 맡길지, 또 그 대리인이 어떻게 일을 진행해나갈지였다.

각 당사자들은 협상과 관련해 갈등 조정과 균형 유지가 중요하다는 사실을 이해하고 있었다. 어느 한쪽이 더 많거나 어려운 요구 사항을 밀어붙이면 판 자체가 깨질 수도 있었다. 중국 단어 '관시關係, guanxi'에는 이런 관계와 연결 고리의 의미가 그대로 담겨 있다. 관시는 단순한 관계나 학연, 연줄을 넘어서는 관계를 뜻한다. 개인적으로 쌓아온 관계망, 그리고 연결 고리를 구축하기 위해 노력을 쏟은 결과 필요할 때 도움을 받을 수 있는 인간관계가 바로 관시다.

야오는 중국 유소년 농구를 할 때부터 NBA의 관심을 받았다. 사실 어떤 선수든지 간에 그 선수를 손에 넣을 수 있는 열쇠는 얼마나 자신의 존재감을 알리면서 중요한 사람과 관계를 쌓아가느냐에 달려 있다. 그래서 선수를 끌어들이려는 에이전트나 코치는 '중요한 사람', 즉 고객으로 잡으려는 그 선수에게 결정적인 영향을 끼칠 수 있는 사람에게 시간과 공을 들인다. 중요한 사람은 선수의 삼촌 또는 어머니도 될 수 있고 아마추어협회 코치도 될 수 있다. 야오 밍의 경우는 중국 정부도 영향력을 행사했다. 미국 진출의 진행 속도는 더뎠지만 이 협상과 관련된 이해당사자들은 중국 정부의 의향에 뜻을 같이했다. 미국에서 중국인이 많이 거주하는 휴스턴에서 야오 밍을 드래프트한다는 것이 협상의 전제 조건이었다.

이 협상에서 중요한 요소는 간단했다. 결정권자가 누구인가? 결정권자와 협상하는 가장 좋은 방법은 무엇인가? 야오 밍의 협상에 참여했던 어느 변호사가 했던 말이 모든 걸 말해준다. "미국에서는 '자, 협상을 시작해봅시다'라는 식으로 비즈니스를 합니다. 하지만 중국에서는 관계가 형성되기 전에는 협상을 시작하지 않습니다."

관시는 「타임」에서 '차세대 야오 밍'이라고 언급한 또 다른 중국 농구 선수 이 지안리안을 데려오려 할 때도 어김없이 사용되었다. NBA 밀워키 벅스Milwaukee Bucks 구단주이자 상원의원인 허브 콜Herb Kohl은 2007년 드래프트에서 전체 6순위로 이 지안리안을 선택했다. 이런 협상에서 관계의 중요성을 잘 알고 있었던 콜은 관계 위주로 일을 풀어갔다. 그 역시 상당한 관시를 구축하고 있었다. 콜은 이 지안리안의 에이전트를 어떻게 상대해야 하는지 알고 있었다. 결정권자에 연줄을 대야만 한다는 점을 이해했고, 야오밍 때와 마찬가지로 선수와 에이전트 뒤에 실질적인 결정권자들이 존재한다는 사실을 알고 있었다.

4장에서 언급했던 존 얼웨이나 일라이 매닝이 그랬듯이 이 지안리안 역시 밀워키라는 구단에 별 매력을 느끼지 못하고 있었다. 그도 밀워키보다는 야오 밍처럼 중국 이민자들이 많이 거주하는 시카고나 로스앤젤레스, 샌프란시스코로 가고 싶었다. 게다가 밀워키는 NBA에서도 가장 작은 시장을 소유한 프랜차이즈였다. 또한 이곳 팬들이 농구에 그리 열광적이지 않다는 점도 마음에 들지 않았다.

자신이 일찍 준비에 돌입하지 못했다는 사실을 알고 있었던 콜은 신속하게 움직였다. 프로농구팀 구단주가, 더구나 상원의원이 예비 선수를 만나기 위해 비행기에 오르는 일은 흔치 않은 일이었지만 콜은 직접 중국으로 날아가 이 지안리안의 소속팀 구단주 첸 하이타오를 만나고 선수의 가족과 중국 스포츠 관련 관료들과도 인사를 나눴다. 돈만으로 해결될 문제가 아니었다. 게다가 이 지안리안은 그냥 중국에서 농구를 계속하겠다는 옵션을 레버리지로 활용할 수도 있었다. 물론 그랬다면 금전적인 수입은 많이 달라졌겠지만 말이다.

상대의 이해관계를 이해하라

관계를 맺는 데 뛰어난 사람들은 고객이 무엇에 관심을 가지고 있는지 이해하기 위해 시간과 노력을 들인다. 야오 밍과 이 지안리안의 경우도 그랬다. 상대방에 대한 깊은 이해는 미국 팀에서 뛰게 해주겠다는 계약 체결 자체도 중요하지만 그 선수를 대행하는 일에서도 매우 중요하다.

협상 전문가 로저 피셔Roser Fisher의 『Yes를 이끌어내는 협상법 Getting to Yes』은 모든 협상의 근본으로 상대방의 위치가 아니라 상대방의 이해관계를 이해하는 데 중점을 두라고 한다. 대부분의 협상에서 이 말은 곧 상대방과의 관계 속에서 무엇이 존재하는지를 이해하고, 돈의 액수 이상으로 관계가 중요하다는 사실을 이해해야 한다는 뜻이다.

이 지안리안의 경우 중국 스포츠 관료들은 그의 입단 첫해에 밀워키 구단에서 출장 시간을 보장해주기 바랐다. 출장 시간이 왜 그리도 중요했을까? 2008년 베이징올림픽 때문이었다. 중국 정부는 세계적인 행사에서 자국의 최고 선수가 최고의 기량을 펼쳐주길 원했다. NBA 신인 선수들이라면 보통 첫해에 벤치 신세를 많이 질 테고, 그러면 이 지안리안 또한 컨디션 조절이 힘들어져서 올림픽에서 제 기량을 펼치지 못하리라고 우려했던 것이다. 콜은 이런 점을 일찍 파악해서 이 지안리안에게 충분한 출장 시간을 보장하겠다고 약속했다. 그는 관계를 구축하고 상대방의 이해관계를 파악하여 조정했다. 그리고 마침내 협상을 마무리 짓고 이 지안리안을 밀워키로 데려올 수 있었다.

상대의 문화를 배려하라

야오 밍과 이 지안리안의 협상 모두 중국 문화를 얼마나 이해하느냐에 모든 결과가 달려 있었다. 에이전트 안 텔름 역시 일본의 야구 선수 마쓰이 히데키를 고객으로 영입하는 과정에서 문화적 관계가 대단히 중요하다는 사실을 절감했다. 물론 텔름의 협상 기술도 중요한 역할을 했다.

"일본에서 전화가 와서 받았더니 다짜고짜 마쓰이가 누군지 아느냐고 묻더군요." 텔름은 미소를 띠며 전화를 받던 그 순간을 회상했다. "물론 안다고 했죠. 그랬더니 자기들이 알고 싶은 점들을 죽 말해주고는 마쓰이에게 편지 한 통을 써달라고 부탁하는 겁니다."

야구계에서 이런 부탁은 매우 드문 일이지만 일본에서 비즈니스 조건을 설정할 때는 특이한 조건이 아니다. 고객이 될 선수에게 편지를 쓴다는 일이 에이전트에게 흔한 일은 아니었고 추가적으로 시간이 들어가는 일이었지만 거래를 마무리하려면 필요한 일이었다. 콜이 이 지안리안의 영입을 위해 그랬듯이 텔름도 마쓰이와 그의 대행인을 만나기 위해 일본으로 날아갔다. 그리고 마쓰이는 텔름과 계약했다.

긍정적인 관계가 부리는 마법

필라델피아 세븐티식서스Philadelphia 76ers 농구팀과 필라델피아 플라이어스Flyers 아이스하키팀이 한 지붕 아래 합쳐지는 과정에서도 긍정적인 관계가 힘을 발휘했다. 세븐티식서스의 구단주였던 해럴드 카츠Harold Kats는 1996년 당시 팀 매각에 전혀 관심이 없었다. 더군다나 같은 지역의 아이스하키팀 구단주 그룹에게 농구팀을 넘긴다는 생각은 할 수조차 없었다. 하지만 아이스하키팀 구단주들은 케이블TV 컴캐스트Comcast의 콘텐츠 확보라는 큰 비전을 꿈꾸고 있었다.

케이블방송국이 아니더라도 팻 크로스Pat Croce는 오래전부터 카츠에게서 세븐티식서스 구단 지분을 살 기회를 찾고 있었다. 그리고 크로스는 카츠와 친구였다. 뿐만 아니라 세븐티식서스 팀 선수들의 재활을 담당하는 물리치료회사의 주인이자 직접 트레이너로 활동하기도 했었다. 크로스의 설득 끝에 카츠는 구단 매각으로 1억 2,500만 달러를 요구했다. 크로스는 구단 매입에 필요한 사람들을 모았고 자신이 구단주에 오르면서, 가능성이 희박해 보였던 거래를 마무리할 수 있었다. 자금만 가지고서는 이루어질 수 없는 거래였다. 크로스와 카츠가 이어온 관계가 없었다면 구단 인수 협상은 이루어지지 않았을 것이다.

무너진 관계를 다시 세우려면

2007년 알렉스 로드리게스Alex Rodriguez와 뉴욕 양키스가 벌였던 협상은 관계의 힘에 대한 최악의 이해와 최고의 이해를 동시에 보여준다. 이 협상이 스포츠 역사뿐 아니라 「월스트리트 저널Wall Street Journal」의 한 페이지를 장식하게 될 줄은 아무도 예상하지 못했다.

로드리게스는 2001년부터 10년간 2억 5,200만 달러를 받기로 하고 계약했다. 하지만 계약 내용 중에는 마지막 3년에 대한 '옵트 아웃 조항out clause'*이 포함되어 있었다. 즉, 로드리게스가 2007년에 옵트 조항 권리를 행사하면 나머지 3년간 양키스로부터 받기로 되어 있는 7,200만 달러의 연봉을 포기하겠다는 말이 된다. 하지만 나머지 연봉을 포기하는 대신 MLB의 30개 구단 중 누구와도 새로이 연봉 협상을 벌일 수 있는 자격을 얻게 된다는 뜻이기도 했다. 당시 로드리게스의 실력으로 봤을 때 나머지 29개 구단이 어떤 조건을 제공할지는 아무리 협상의 문외한이라도 충분히 상상이 갈 것이다.

---

* 계약 기간 중 연봉을 포기하는 대신 FA를 선언할 수 있는 권리.

그런데 전략적 측면에서 봐도 납득하기 힘든 부분은 그가 옵트아웃 권리를 2007년 월드시리즈 네 번째 경기 도중에 행사했다는 점이다. 로드리게스와 그의 에이전트 스캇 보라스가 옵트아웃을 선언했다는 사실 자체보다는 선언 타이밍이 문제였다. 팀들과 커미셔너, 팬들, 메이저리그 선수노조 모두가 격분했다. 그런데 보도에 따르면 로드리게스와 그의 아내 신시아는 뉴욕, 즉 세계에서 가장 눈부시고 멋진 무대에 머무르고 싶어 한다고 했다. 도대체 왜 그들은 그렇게 행동했던 것일까?

세계에서 가장 큰 무대에서 자신의 경력을 마감할 수 있는 선수가 갑자기 그곳을 떠나겠다고 선언한 것은 충격 그 자체였다. 옵트아웃 선언의 배경 원인이 이해되지 않는 바는 아니었다. 자신의 실력을 담보로 더 많은 입찰자들을 끌어들여 몸값을 높이겠다는 레버리지를 행사한 것이었다. 하지만 이것이 소속팀과의 관계는 물론 야구라는 스포츠의 모든 관련자에게 미칠 부정적인 영향은 심각했다. 다른 29개 팀들도 마찬가지였다.

그를 영입하려는 구단들의 태도는 미지근했다. 로드리게스와 보라스가 제시한 3억 달러에 모두가 생각을 접었다. 상황이 흥미롭게 돌아가기 시작했다. 로드리게스는 마음을 고쳐먹고 제3자를 찾아 나섰다. 로드리게스 정도 수준이 되면 대개 유명 인사들을 친구로 두게 되는데, 그중 한 명이 유명 인사 중에서도 갑이라고 할 수 있는 워런 버핏이었다.

버핏의 조언은 간결하고 확고하게 관계 중심적이었다. "양키스 구단과 대화를 하게. 에이전트 없이." 로드리게스는 버핏의 말에 담긴 의미를 이해하고 조언을 받아들였다. 구단에 직접 전화를 한다는 게 껄끄러웠지만, 다행히도 자기를 대신해 연락해줄 수 있는 사람을 알고 있었다. 규정에 따르면 메이저리그야구선수협회인 MLBPA에 등록하고 인정을 받지 않은 제3자는 협상 자격이 없다. 에이전트 없이 일을 진행하려는 로드리게스에게는 문제가 되는 규정이었다.

로드리게스는 골드만삭스에서 일하는 개인자산관리사 존 맬러리John Mallory를 만났다. 이 또한 예전부터 이어온 관계 덕분이었다. 맬러리는 우연찮게도 양키스 구단주 조지 스타인브레너의 자금을 관리하고 있었다. 하지만 자기도 직접적인 연줄이 없었던 맬러리는 또 한 사람, 골드만삭스에서 함께 일했던 파트너이자 미디어 및 텔레커뮤니케이션 분야 전문가인 게리 카디널Gerry Cardinale을 끌어들였다.

마침내 로드리게스가 대화를 원한다는 소식이 구단 사장 랜디 러바인Randy Levine과 구단주 조지 스타인브레너에게 전해졌다. 「월스트리트 저널」은 구단이 보라스가 개입하지 않는 조건으로 로드리게스를 만날 의사가 있다고 전했다. 구단과 선수 사이의 관계가 이미 무너진 상태였기 때문에 서로에 대한 불만과 술책이 오갔고 많은 시간이 낭비되었다. 하지만 끝내 로드리게스는 양키스로 돌아갔다. 그가 돌아갈 수 있었던 이유는 과거에 정상적으로 통하던 관계가 더 이상 그 기능을 못 하게 됐을 때 자기가 먼저 손을 내밀어 추가 조치를 취했기 때문이다. 마침내 로드리게스는 돈이 아닌 관계로 돌아간 덕분에 10년간 2억 7,500만 달러짜리 재계약에 성공할 수 있었다.

상대의 우선순위를 파악하라

여러 운동선수들을 만나다 보면 돈이 전부가 아니라는 사실을 깨닫게 된다. 선수들 중에는 우승을 지상 목표로 삼는 이들도 있고, 현재에 만족하기보다 더 큰 무대에서 활동하는 것을 꿈꾸는 이들도 있다.

2007년 시드니 크로스비Sidney Crosby는 피츠버그 펭귄스Pittsburgh Penguins와 5년간 4,350만 달러에 계약했다. 하지만 사실 그는 더 많은 돈을 받을 수도 있었다. 당시 그는 샐러리캡 상한선의 20퍼센트인 5,030만 달러를 요구할 수도 있었고, 아니면 연봉 1,006만 달러에 4년 계약을 맺을 수도 있었다. 그런데 그러지 않았다. 그는 펭귄스 구단이 그 돈으로 젊고 능력 있는 선수들을 많이 불러들여서 강한 팀이 되기를 원했다. 물론 돈도 중요했지만 그의 가장 큰 관심사는 팀의 우승이었다.

레이싱 팀을 옮겼던 다니카 패트릭 또한 기억에 남는 선수다. 그녀와 라할 레터맨 레이싱Rahal Letterman Racing 팀의 계약은 2006년에 끝나기로 되어 있었다. 계약이 끝나면 그녀가 인디 레이싱 리그Indy Racing League, IRL의 다른 팀으로 이적할 거라는 소문은 물론,

인디 레이싱 리그 드라이버 다니카 패트릭

IRL보다 높은 수준인 나스카NASCAR로 옮길 거라는 소문도 떠돌았다.

빼어난 미모와 운전 능력을 겸비한 그녀는 여러 면에서 레이싱계의 소중한 자산이 될 게 틀림없었다. 그녀는 먼저 자신에게 가장 중요한 것이 무엇인지를 정했다. 그건 돈이 아니었다. "저는 인디 카에서 우승하고 싶습니다. 인디 500에서 우승을 차지하고 싶어요. 인디 레이싱에 남고 싶습니다." 그리고 이렇게 말을 이었다. "제게 기회를 줄 수 있는 팀이 있다면 그곳이 제가 가게 될 팀입니다."

자신의 희망대로 안드레티 그린 레이싱Andretti Green Racing 팀으로 이적하게 된 패트릭은 이렇게 말했다. "가장 우승 경험이 많은 팀으로 옮기는 겁니다." 마침내 2008년 일본에서 열린 인디카 300에서 우승을 거둔 그녀는 IRL 레이스 역사상 우승컵을 들어 올린 최초의 여성이 되었다.

또한 새로운 가능성에 대한 관심사를 잘 보여주는 사례도 있다. 데이비드 베컴이 스페인 프리메라리가의 레알 마드리드에서 미국프로축구리그Major League Soccer, MLS의 로스앤젤레스 갤럭시Los Angeles Galaxy로 옮겼을 때였다. 그는 5년간 2억 5,000만 달러의 계약을 따냈다. 연봉만 따지면 1,000만 달러 정도였지만 수익 분배금과 광고료 등을 합하면 1년에 거의 5,000만 달러의 수익을 벌어들이는 셈이었다.

"최고의 수준을 자랑하는 리그에서 몇 년 더 뛰고 싶었습니

세계적인 축구 선수이자 슈퍼스타 데이비드 베컴

다. 생각을 많이 해봤는데 나중에는 미국에서 활동하는 것도 좋을 것 같아요." 미국으로 옮기기 전에 베컴이 자신의 미래에 대해 이야기하면서 말했던 내용이다.

왜 베컴은 유럽을 떠나 축구가 인기 종목도 아니고 관중도 많지 않은 미국으로 온 것일까? 미국의 스타 축구 선수 출신으로 현재 갤럭시 팀의 감독을 맡고 있는 알렉시 랄라스Alexi Lalas가 말하는 답은 간단하다. "베컴은 유명 영화배우처럼 파파라치를 끌고 다니며 잡지나 타블로이드를 장식하는 연예인 기질을 지녔다. 세련된 옷을 입고 머리 색과 스타일을 바꿔대는 성격인 데다, 아내도 유명 가수 출신이다. 유명 인사와 운동선수가 합쳐진 현대적 인물의 대표라 할 수 있다. 게다가 3년 전에는 그의 이름을 딴 「슈팅 라이크 베컴Bend It Like Beckham」이라는 영화도 만들어졌다."

베컴은 자신이 원하는 것을 들어줄 수 있는 곳을 마음에 두었다. 그가 로스앤젤레스 갤럭시를 선택했던 것은 연봉뿐 아니라 언론의 관심까지 받으며 활동할 수 있는 팀을 원했기 때문이었다. 베컴에게는 돈과 대중의 관심, 둘 다 중요했다.

2007년 뉴욕 양키스와 계약하기 전인 2003년에 알렉스 로드리게스와 스캇 보라스는 관심사에 대해 이야기를 나눈 적이 있었다. 보라스는 로드리게스에게 이렇게 말했다. "어쩌면 기회가 있을지도 몰라. 당신의 목표인 우승에 대해 꼭 한번 얘기를 해봐야 해." 당시 로드리게스는 텍사스 레인저스Texas Rangers 소속이었다.

만일 텍사스를 떠나지 않았다면 로드리게스는 10년 계약에서 남은 연봉 6,700만 달러를 받았겠지만 우승이라는 꿈은 포기해야 했을 것이다. 하지만 양키스로 간다면 그 어느 팀보다 월드시리즈에서 우승할 확률이 높은 팀에서 뛸 수 있는 기회를 얻을 것이었다. 결국 로드리게스는 양키스를 선택했다. 이 선택으로 그는 자신의 가치를 높이고 원하는 우승을 맛보며 개인의 이익을 챙길 수 있었다.

그런데 양키스에는 이미 아무도 넘볼 수 없는 영원한 양키스맨 데릭 지터Derek Jeter가 유격수로 활약하고 있었기 때문에 포지션이 겹치는 로드리게스가 수비 위치를 바꿔야 하는 문제가 있었다. 로드리게스도 유격수 부문 골든글러브를 차지한 선수였기에 많은 사람들이 그가 포지션을 변경하는 일은 없을 거라고 점쳤다. 하지만 그는 월드시리즈에서 뛸 수 있는 기회를 얻고자 3루수로 전향했다. 이것이 이해관계를 조정할 수 있는 방법이었다. 로드리게스는 유격수 자리를 포기했지만 양키스는 그에게 우승이라는 기회를 선사했다.

갈등을 조정하기 위해 노력하라

스포츠 세계에서 자주 발생하는 문제 중 하나는 선수가 소속팀과 조국 사이에서 결정을 내려야 할 때다. 미국에서도 최근 올림픽의 야구와 농구 종목에서 프로 선수들이 뛰느냐 마느냐를 놓고 이런 문제가 발생한 적이 있지만, 다른 나라에서는 훨씬 더 심각한 갈등 양상을 띤다. 특히 세계적으로 인기를 끌고 있는 크리켓과 럭비 종목은 클럽이 먼저냐 조국이 먼저냐를 놓고 딜레마를 겪고 있다.

영국 럭비는 1995년 이후부터 잉글리시 프리미어십 리그 소속팀들과 국가대표팀을 관리하는 럭비풋볼협회Rugby Football Union가 갈등을 빚고 있다. 뉴질랜드와 오스트레일리아에 국가대표 선수 파견 문제를 놓고 각 팀들이 선수 파견을 거부하면서 처음으로 심각한 갈등이 불거졌다. 모든 당사자 사이에 얽혀 있는 이해관계를 풀기가 쉽지 않았다.

이 갈등을 해결하기 위해서는 당사자들 간의 관계에 공을 들이는 것은 물론 모든 사람, 특히 선수들이 원하는 바를 이해하려는 노력이 가장 중요하다. 해외 투어 일정이 리그 스케줄에 큰 방해가 되지 않는지, 선수들이 의무적으로 참가해야 하는 경기 수를 줄일 수 있는지, 보상금 액수 조절이 가능한지 등 모든 요소를 다뤄야 한다. 보상금이 많을수록 선수들이 더 많은 연봉을 받아야 한다는 생각도 덜하다. 때론 애국심에 호소하는 것이 중요한 역할을 하기도 한다. 이해관계의 조정은 관계 구축에 필수적이다. 시간을 들여 협상 상대의 이해관계를 파악하면 자신과 상대의 이해관계를 조정해서 더 큰 성공을 거둘 수 있다.

권투 프로모터 돈 킹이 알리와 포먼의 경기를 개최할 수 있었던 이유는 두 선수의 관심사와 자존심을 이해했기 때문이다. 두 선수는 각자 자기가 상대방보다 50만 달러를 더 받는다고 알고 있었다. 포먼은 공식적인 챔피언이라서, 알리는 민중의 챔피언이라는 이유였다. 두 선수는 이 말에 자존심을 위로받았다. 하지만 포먼의 주 관심사는 알리의 입을 다물게 해서 진정한 챔피언이 되게 하는 것이었고, 알리의 주 관심사는 포먼에게서 타이틀을 뺏어오는 것이었다.

킹은 또한 인종 문제를 언급하며 선수를 자극했다. 돈을 내세워 90분 동안이나 설득을 했는데도 포먼이 확신을 갖지 못하자 나중에는 그의 피부색을 언급하고 나섰다. "두 사람은 최고의 선수들이네. 그리고 둘 다 흑인이지. 나약함을 떨쳐버려야 해. 이번 경기는 단순히 개인 간에 벌어지는 경기가 아니네. 흥행 금액뿐 아니라 전 세계적으로 큰 반향을 불러일으킬 역사에 남을 경기란 말이지. 상징적으로도, 흑인의 관점에서 봐도 그렇다네. 이건 내가 주최하는 경기라고! 그리고 나 역시 흑인이야! 흑인들도 능력이 있고 보람 있는 일을 해낼 수 있다는 사실을 핍박받는 사람들에게 알리고 그들에게 영감을 줄 수 있는 기회란 말이네."

그 말을 들은 포먼은 석 장짜리 백지 계약서에 서명을 했고 킹에게 경기 개최에 대한 권한을 넘겨주었다.

전략을 세울 때는 관계에 대해 생각할 수 있는 적절한 시간을 남겨두어야 한다. 관계의 가치는 개인적일 뿐 아니라 문화적이기도 하다. 따라서 다른 나라에서 협상을 벌이거나 다른 나라 출신의 상대와 협상을 벌인다면 다른 나라, 다른 문화의 특성 때문에 표출될 수도 있는 특별한 문제에 대해 인식하고 있어야 한다.

관계의 구축은 상대측과 관련자들의 이해관계가 무엇인지를 이해하는 일이다. 그리고 협상을 하다 보면 상대의 주 관심사나 협상을 마무리하고 싶어 하는 진짜 이유가 돈이 아닌 경우가 종종 있다. 인간관계와 이해관계는 서로 얽혀 있어서 관계를 구축하려는 노력을 기울이지 않으면 상대방이 원하는 바를 파악하지 못할 수도 있다.

관계는 미래의 협상에서도 중요하다

예전에 나는 NBA 팀 임원과 주전급 선수의 중요한 협상에 대해 얘기를 나눈 적이 있다. 당시 그 선수의 에이전트는 무리한 연봉을 요구하고 있었다. 게다가 요구를 들어주지 않으면 팀을 옮기겠다고 으름장을 놓고 있었다. 그 임원은 프런트 직원들이 아직 경험이 부족하다며 두 가지 일을 걱정하고 있었다. 그 선수의 에이전트가 NBA에 대해 어떻게 생각하게 될지, 이번 협상이 미래의 협상에 어떤 영향을 끼칠지 두렵다고 했다.

나는 먼저 NBA가 미래 시장에서 어떤 평판을 받을지에 대해 조언했다.

"협상에서 연봉이 차지하는 부분은 아주 미미합니다."

나는 잠시 뜸을 들였다. 약간 과장된 말이기는 했다. 당연히 협상에서 돈은 늘 중요한 역할을 하며 스포츠 팀의 임원이라면 절대 간과할 수 없는 부분이다.

"이번 협상은 앞으로 일을 진행하는 데 있어 에이전트가 당신과 당신 조직을 어떻게 대할지 결정하는 중요한 순간이 될 겁니다."

그는 내 말에 귀를 기울이더니 곧 NBA의 다른 임원들을 만나 이 문제를 논의하기로 했다고 말했다.

"꼭 하셔야 될 일은 팀 전체가 최대 양보점을 정하고 에이전트에게도 그 사실을 깨닫게 만드는 겁니다. 그리고 거기서 절대 물러서지 않는 겁니다."

이렇게 하면 농구판에서 이 팀이 전하는 메시지의 강도는 엄청날 것이다. 내 생각에는 팀이 내부적으로는 마지노선을 확실히 정해놓는 동시에 에이전트가 패를 공개할 수 있도록 인센티브를 준비할 필요가 있었다. 이는 팀이 협상 계획 세우기 습관을 들일 수 있는 한 가지 방법이었다. 관계가 확실히 자리 잡지 못한 시기에는 그 관계에 영향을 끼칠 수 있는 메시지를 보내는 일도 가끔 있다. 아무튼 협상 결과 그 팀은 정해놓은 마지노선 근처에서 선수와의 계약을 이끌어냈다.

현재의 협상, 그리고 미래의 협상이 갖는 중요성에 대해 심사숙고하라. 또한 계약 체결을 위해 상대방이 진정으로 원하는 것이 무엇인지 확실히 이해하도록 하라. 성공적인 협상가가 되려면 협상 과정을 온전히 수용하고 상황이 허락하는 선에서 최상의 거래를 이끌어내도록 적극적으로 참여해야 한다.

협상의 달인으로 거듭나기 위한 지침

1. 모든 협상에서 관계의 중요성에 집중하라.
2. 좋은 관시 또는 연줄을 형성하라.
3. 관계를 구축하면 상대방의 관심사를 알 수 있고, 상대방도 내 관심사를 알 수 있다는 점을 인지하라.
4. 가능하다면 자신의 이해관계를 상대방의 이해관계에 맞춰 조정하라.
5. 다음번에 누구를 상대하게 될지는 아무도 모른다는 사실을 이해하라.
6. 상대방의 진정한 관심사가 무엇인지, 이를 만족시킬 때 두 사람의 관계와 후일 계약 체결에 어떤 긍정적인 영향을 미칠지 파악하라.

NEGOTIATE LIKE THE PROS

6.

교섭 과정을 온전히 포용하라

경기 시작을 알리는 심판은 언제나 "플레이 볼!"을 외친다.
"워크 볼!"이라고 외치는 심판은 단 한 번도 본 적이 없다.

— 윌리 스타젤Willie Stargell —
야구 명예의 전당 헌액자

교섭 과정을 온전히 포용하라

경기 시작을 알리는 심판은 언제나 "플레이 볼!"을 외친다.
"워크 볼!"이라고 외치는 심판은 단 한 번도 본 적이 없다.

– 윌리 스타젤Willie Stargell[*] –
야구 명예의 전당 헌액자

"큰 거래를 할 때는 먼저 상대방을 직접 만나보는 것을 좋아합니다."

옥타곤 대표 필 드 피치오토가 한 말이다. 옥타곤은 스포츠 마케팅 및 매니지먼트 분야를 주도하는 회사로 올림픽 수영 금메달리스트 마이클 펠프스, 프로미식축구의 존 얼웨이 등을 고객으

---

[*] 파이어리츠의 영웅 윌리 스타젤은 1962년에 피츠버그 파이어리츠에서 데뷔해 21년간 오직 한 팀에서만 뛰었다. 빠르면서도 긴 스윙으로 유명한 장거리 홈런을 많이 만들어냈으며, 그가 활약하는 동안 파이어리츠는 6번의 NL 동부조 타이틀과 2번의 WS 우승을 차지했다. 스타젤은 홈런왕 2번에 올스타에 7번 선정됐고 1988년에 82.4퍼센트의 득표로 명예의 전당 멤버가 됐다.

로 두고 있다. "정보 수집 면에서 아주 중요하죠. 처음 만난 자리에서는 거래에 관한 직접적인 대화를 피하고 주변 얘기나 원칙적인 얘기 위주로 대화를 하려고 합니다." 이 모두가 관계 구축과 협상을 위한 준비의 일부분이다. 하지만 이런 예비 단계에서도 중요한 정보를 습득할 수 있다.

"이렇게 하면 상대방이 약간 경계를 풀거든요." 드 피치오토가 솔직하게 말했다. 그렇게 먼저 관계를 구축한 후에 그는 다음번 만남에서 협상을 진전시킨다. "이번 협상을 어떻게 시작하면 좋겠습니까?" 그가 안건 외에도 구체적으로 알고 싶어 하는 부분은 협상 방식이다. "먼저 원하시는 높은 금액을 부르시면 제가 낮은 금액을 제시하는 방법으로 할까요? 아니면 합리적인 금액과 원칙으로 바로 들어갈까요?"

모든 협상은 다 다르다. "양측 모두 합리적이라면 서로 배우면서 즐길 수 있는 자리가 되죠." 이렇게 좋은 분위기 속에서는 양측 모두 '매매'가 아니라 상호 이익을 도모한다는 느낌이 들 수 있다. 그리고 협상은 통합 조건을 정하는 자리로 변한다.

하지만 늘 이런 분위기가 조성되지는 않는다. 일단 협상이 진행되면 그동안의 준비가 효력을 발휘해야 한다. "당신이 전문가시죠. 이 분야에 대해 잘 알고 있고요. 우리는 야구밖에 모릅니다. 먼저 말씀해보세요." 스포츠 에이전트 론 샤피로는 출판인을 만난 자리에서 이렇게 말했다. 그 자리는 자신의 책이 아니라 '아이언 맨'으로 불렸던 야구 선수 칼 립켄 주니어의 인생에 관한 책과 그 책의 출판권을 논의하기 위한 자리였다. 샤피로는 절대 먼저 제안을 던지려 하지 않는데, 우리가 그 이유를 이해할 수 있도록 다음과 같은 얘기를 들려주었다.

칼 립켄 주니어는 자서전을 쓰는 게 어떠냐는 제안이 꾸준하게 들어왔다. 기록 경신을 앞두고 있던 그는 향후 메이저리그 명예의 전당 헌액이 거의 확실했다. 실제로 나중에 그는 루 게릭Lou Gehrig이 종전에 세웠던 2,130경기 연속 출장 기록을 깨며 스포츠 역사상 가장 의미 깊은 기록 중 하나를 경신했다.*

샤피로가 알아보니 출판사에서는 보통 프로 운동선수들의 이야기를 담은 책의 판권을 50만 달러 정도에 사들이고 있었다. 샤피로는 당시 립켄의 가치가 일반 선수들에 비해 월등하다고 판단했고 판권 계약도 그에 걸맞게 이루어져야 한다고 생각했다. 협상을 준비하는 과정에서 그는 립켄의 이야기가 70만 달러의 가치가 있다고 책정했다.

결론부터 말하자면 샤피로가 내놓은 "먼저 말씀해보시죠" 방식은 완벽한 결과를 이끌어냈다. 출판사에서는 먼저 75만 달러를 제안하며 접근해왔다. 샤피로는 애초에 자기가 생각해두었던 금액에 대해서는 전혀 내색하지 않고 간단하게 답했다. "다시 연락드리죠."

나중에 샤피로는 125만 달러를 요구했다. 그리고 결국 칼 립

---

* 칼 립켄 주니어는 1981년 볼티모어 오리올스에 입단해 1982~1998년까지 2,632경기 연속 출장 신기록을 달성했다.

자신이 원하는 최종 목적지를 알기 위해 준비하는 것은 쉽다.
하지만 거기까지 가기 위한 준비는 어렵다.
바로 그 준비가 더 중요하고 힘든 부분이다.

– 필드 피치오토 –
옥타곤 대표

켄 주니어의 자서전 판권은 100만 달러에 팔렸다. 샤피로는 전체 과정의 흐름을 파악했고 자신의 계획을 믿었다. 또한 협상 과정에서 얻은 정보를 토대로 계획을 수정했다.

협상 과정에서 유연성을 발휘한다는 것은 바로 이런 것을 두고 하는 말이다. 협상 도중에 새로운 정보가 나타날 것이라는 점을 마음에 두고 시작하라. 그리고 아무리 세심하게 세운 목표도 충분히 조정할 수 있도록 준비하라. 하지만 실제로 이렇게 하려면 인내심이 필요하다. 대화의 변화를 포착하고 흐름을 이해해야만 한다. 협상 과정에 얼마나 성의를 갖고 임하는지, 추가 정보를 얼마나 많이 받아들이는지에 따라 성공의 크기가 달라진다.

협상을 즐기라고?

이번 장의 제목 '교섭 과정을 온전히 포용하라'를 보고 "협상이란 말만 들어도 긴장되고 걱정이 몰려오는데 '포용'하라니, 그게 무슨 말이야?"라고 반문하는 사람이 있을 것이다. 여기서 말하는 '포용'은 그 과정을 완전히 이해하고 몰입한다는 뜻이다. 좋아하는 운동을 할 날을 기다리듯, 즐거운 마음으로 협상을 기다리는 단계에 이르기까지 노력하는 것이다.

나 역시 오랫동안 단체 운동을 하면서 코치들이 하는 말을 들어왔다. 코치들은 늘 게임을 즐기라고 강조한다. 그 많은 연습과 근력 운동, 심신 단련 등 그동안 해왔던 모든 것이 모두 이 순간을 위한 것임을 선수들이 깨닫게 하려는 의도다. 어린 시절 골목이나 공원에서 친구들과 뛰놀며 느꼈던 즐거움을 다시 느껴보라는 것이다. 협상도 마찬가지다. 예전에 느꼈던 그런 즐거운 마음으로 임하는 게 최선이다. 설레고 즐거운 마음으로 협상에 임하는 자신의 모습이 머릿속에 그려지는가? 아니라면 당신이 협상을 힘들어하는 이유도 바로 그 때문이다. 사실 대부분의 사람들에게는 쉽지 않은 일이다.

알렉스 로드리게스도 양키스와의 교섭 과정을 포용하거나 즐기지는 못했다. 하지만 그에게는 대안이 없었다. 선천적으로 협상을 즐기는 타고난 경쟁자 유형이 아니고서는 협상에 떠밀려 들어가는 순간을 즐기는 사람은 거의 없다. 마찬가지로 대부분의 사람들은 자기가 성공하지 못한 일에 대해서는 즐기고자 하는 마음이 없다.

운동선수들은 종종 특정 동작, 스트로크 등 자신이 가장 하기 싫어하고 못하는 부분을 몇 시간이고 연습할 때가 있다. 그러다 어느 순간 그 동작, 그 스트로크가 자신이 가장 좋아하고 잘 하는 주무기가 되기도 한다. 그런 경지, 즉 포용의 단계에 이르는 한 가지 방법은 바로 연습이다.

나는 학생들에게 평소 작은 일에서부터 협상을 연습하라고 자주 말한다. 예를 들어 택시를 타면 운전기사가 출발하기 전에 목적지까지의 택시비를 협상해보는 것이다. 액수를 제안해서 운전기사가 거절하면 나중에 미터기에 나온 금액을 지불하면 그만 이고, 제안을 받아들이면 협상 연습도 하고 운 좋으면 단돈 얼마 라도 절약할 수 있다.

백화점에서 물건을 구입할 때도 협상 연습을 할 수 있다. 백화 점 직원에게 상품이 할인이 되는지 물어보라. 세일이 다음 날부터 시작된다고 해도 어쩌면 오늘 할인 혜택을 줄 수도 있다. 협상이 잘 안 돼서 할인 혜택을 받지 못한다면 점장과 얘기할 기회를 얻 을 수도 있다. 모든 일이 그렇듯이 협상도 연습하면 할수록 더 편 안하게 느껴진다.

앞서 나는 성공적인 협상가가 되기 위해 중요한 점들을 각 장 을 할애해 열거했다. 팻 서미트는 토니 던지가 언급했던 '작은 것 들의 중요성'에 덧붙여, 최종 결과에 너무 집중하지 말라고 조언한 다. 던지가 지적했듯이 목표에 이르는 과정에서 작은 것들에 집중 하다 보면 승리에 다다른다는 것이다. 서미트는 확신에 찬 어조로 이렇게 말했다. "무엇보다도 무패의 경험, … 작은 일들을 수행하 고 있는지 재확인, … 우승을 하고 싶다면 이기는 데 집중하지 않는다. 이기기 위해 수행해야만 하는 작은 임무들에 집중한다."

일단 한 분야에 발을 들여놓으면 다른 분야에 있는 사람들과 협상할 수 있는 기회를 갖기란 쉽지 않다. 나는 학생들을 가르치면서 "여러분은 세금도 내지 않고 더 나아질 수 있는 기회를 지금 맞이하고 있다"고 누차 강조한다. 연습하면 할수록 다음 협상에서 느껴지는 조바심은 더 줄어들 것이다.

늘 처음인 것처럼 준비하라

준비를 하면 할수록 그 과정은 더 쉽고 재미있어진다. 하지만 그 과정에서 기본을 잊어서는 안 된다. 즉흥적인 발상보다 계획된 준비가 훨씬 더 중요하다는 사실을 다시 생각해보자. 준비가 필요하지 않은 경지에 이르렀다고 생각한 적이 있는가? 하지만 준비가 필요하지 않은 협상은 없다. 최고가 되려면 준비는 필수적이다. 협상을 앞두고 준비할 시간이 부족했다는 말은 이해가 된다. 그럴 때도 있다. 하지만 준비를 할 수 있는 상황이라면 반드시 해야 한다.

샌프란시스코 포티나이너스San Francisco 49ers 쿼터백으로 명예의 전당에 오른 조 몬태나Joe Montana는 매우 중요한 교훈을 우리에게 들려준다. 샌프란시스코의 감독 빌 월시는 매 시즌 똑같은 공격 방법을 적용했다. 매년 선수들이 둘러앉아 똑같은 작전 내용을 처음부터 끝까지 설명을 듣고 왜 그 작전을 실행해야 하는지, 어떻게 다음 작전으로 이어지는지 들어야 한다고 생각해보라. 조 몬태나 역시 매년 수없이 작전 설명을 들었으므로 감독의 설명을 귀담아듣지 않을 수도 있었다. 하지만 그는 매번 신인 선수처럼 감독의 말에 귀를 기울였고 들은 내용을 기록했다. 이런 것이 준비다. 실제 협상 단계뿐 아니라 전 과정을 포용하는 데 반드시 필요한 부분이다.

몬태나에게 배울 점이 또 하나 있다. 사람들은 어떤 일을 예전부터 해왔거나 별다른 노력 없이도 할 수 있게 되면 더 이상 준비하는 데 시간을 들이지 않는다. 그러면서 "내가 이 일은 밥 먹듯이 해봤어", "이 정도는 손바닥 들여다보듯 훤해", "저런 사람은 수도 없이 겪어봤지"라고 말한다. 하지만 몬태나는 슈퍼볼 우승을 네 차례나 거머쥐었으면서도 늘 처음 출전하는 선수처럼 준비했다. 그리고 명예의 전당에 올라 풋볼의 전설이 되었다.

철저하게 준비할수록 성공 확률도 높아진다. 늘 처음처럼, 철저하게 준비하는 것이 왜 해볼 만한 가치가 있는지 증명하는 사례는 너무나도 많다.

'먼저' 제안하는 사람이 협상의 중심에 선다

자신이 먼저 제안을 하느냐 마느냐는 준비 과정에서 결정하기 힘든 문제 중 하나다. 먼저 제안을 하는 게 좋을까? 협상에 대한 자신감이 높아지다 보면 초기 제안의 긍정적인 면들이 완벽하게 이해되는 시점에 다다를 것이다. 3장에서도 간략하게 언급했지만 위버로스가 협상의 마지노선을 정한 행동도 먼저 시작하는 방법의 일환이었다. 먼저 제시하는 것에 대해 생각조차 해보지 않은 사람이라면 협상의 준비 단계에서 한 번쯤은 깊이 고려해볼 것을 권한다.

물론 준비가 얼마나 되었느냐도 그렇지만 협상을 할 때 자신의 스타일이 무엇이냐 또한 먼저 제안을 하느냐 마느냐를 결정하기도 한다. 어떤 이들에게는 선수를 친다거나 먼저 행동한다는 것이 상상조차 할 수 없는 일이다. 하지만 상대보다 먼저 던지는 첫 제안은 상당히 강력한 도구로 사용할 수 있다.

반대로, 샤피로가 그랬듯이 기다리는 게 좋을 때도 있다. 사실 먼저 제안한 위버로스와 제안을 기다린 샤피로 둘 다 올바른 접근 방식을 사용했다. 어떤 전략이 성공을 가져다줄지는 전적으로 자신의 평가에 달려 있다. 기본적으로는 상대방과 비교해볼 때 똑같거나 더 많은 정보를 보유하고 있을 경우 먼저 제안을 던지는 것이 가장 합리적이다. 자신이 더 많은 정보를 가지고 있는데도 상대방에게 '우선 제안권'을 주는 경우는 상대방의 잘못된 정보나 잘못된 확신을 이용해 자신이 훨씬 유리한 제안을 할 기회를 찾으려고 할 때다.

하지만 결국 준비를 어떻게 했느냐에 따라 성공과 실패가 결정된다. 시간을 충분히 투자해서 적절한 목표를 세워놓으면 상대방이 부적절한 첫 제안을 해와도 스스로를 지킬 수 있다. 상대방보다 먼저 계약 조건을 밝힐 경우 가장 큰 장점은 제시된 내용에 집중하게 되는 닻내림 효과를 볼 수 있다는 점이다. 먼저 조건을 내놓는 사람은 자기가 처음 제안한 내용을 기준으로 협상을 진행할 수 있다. 위버로스가 LA올림픽 협찬사들을 상대로 최소 400만 달러라는 마지노선을 먼저 제시했던 행동도 닻내림 효과의 한 형태로 작용했다.

닻내림 효과에 관한 글은 많다. 공정한 초기 제안을 내놓을 경우 협상의 합의 지점을 크게 좌우할 수 있다는 사실이 여러 연구를 통해 밝혀졌다. 그러면 협상에서 기준점이 돼서는 안 될 제안을 받았을 때 대응하는 최선의 방법은 무엇일까? 즉시 이의를 제기하고 거절하는 것이다. 이 또한 준비된 사람만이 할 수 있는 행동이다.

일단 제안을 한 후에는 상대방에게서 반응이 올 때까지 기다려야 한다. 자기 자신과 협상하는 형국을 초래해서는 안 된다.

역제안으로 유리한 결과 이끌어내기

첫 제안이 나온 다음에는 어떻게 해야 할까? 답은 자신이 어떤 방식의 협상을 선호하는지, 상대방을 어떻게 평가하는지에 달려 있다.

만일 상대방이 긍정적인 합의 영역positive bargaining zone을 벗어나는 첫 제안을 해온다면 자신이 정한 한계에 따라 그 제안이 합의 불가능하다는 점을 밝혀라. 상대방이 그랬으니 나도 그만큼 부당한 제안을 던지는 것은 별 도움이 되지 않는다. 이럴 때는 합의 가능 영역에서 타당한 제안을 내놓는 것만이 정당한 행동 방침을 따를 수 있는 유일한 길이라고 상대방을 납득시키는 게 좋다. 상대방을 납득시키는 일이 늘 가능하지는 않지만 그래도 노력해볼 만한 가치는 충분하다. 당신의 앞에 도저히 말도 안 되는 첫 제안이 놓여 있다면 어떻게 할 것인가? 필 드 피치오토가 이야기한 다음의 대응 방식을 살펴보자.

"저는 왜 이해가 잘 가질 않죠?"

"정말 협상하실 마음이 있긴 하나요?"

평소에 드 피치오토는 협력하는 방식으로 문제를 해결하는 사람이다. 여기서는 마치 카멜레온 같은 모습으로 자신이 생각하는 근거를 내세우지 않은 채 협상을 진전시키려는 모습을 보인다. 협력자보다는 경쟁자 유형에 가까운 어투라 할 수 있다.

이 장 초반에 언급했던 샤피로의 사례는 역제안을 내놓는 것에 대해 많은 생각을 하게 해준다. 자신이 먼저 거래 조건을 제시한 게 아니라면 첫 제안을 받았을 때 어떻게 반응해야 할까? 대응은 준비 상태에 따라 달라진다. 하지만 협상 과정에서 얻어낸 추가 정보로 인해 이제 준비 수준은 향상된 상태다.

오랫동안 스포츠 전문 변호사로 활동한 W. 데이비드 콘웰은 경쟁자 유형이 내놓는 역제안에 대응하는 방법을 사례를 들어 설명한다. "예전에 어퍼덱컴퍼니Upper Deck Company에서 일할 때 유명 선수를 대변하던 에이전트와 로열티 문제로 협상을 벌인 적이 있습니다. 몇 퍼센트를 가져가느냐를 놓고 얘길 나누다가 에이전트가 수입의 30퍼센트를 원한다고 하더군요. 그는 거기서 한 치도 양보할 의사가 없어 보였습니다." 일반적인 로열티 거래에서 30퍼센트는 상당히 높은 수치였다.

그 에이전트는 경쟁자 유형으로서 자신이 원하는 바를 달성하고야 마는 사람으로 알려져 있었다. 그래서 콘웰은 이미 마음속으로 구체적인 작전을 세워놓고 있었다. "우리 측에서는 다시 처음으로 돌아가서 수입의 정확한 의미가 무엇인지를 따졌습니다. 그 에이전트가 30퍼센트라는 수치에만 신경 쓰고 있을 때 우리는 수입의 정확한 범위를 구분하는 데 초점을 맞추는 작업을 했죠. 그 결과 마침내 에이전트에게는 그가 바라는 대로 30퍼센트를 지급해서 자존심을 살려주는 동시에, 우리는 비용 처리할 수 있는 모든 부분을 수입에 포함시켜서 지급 총액을 줄이는 방법을 생각해냈습니다." 이런 것이 바로 창의성이 넘쳐나는 훌륭한 역제안이라 할 수 있다.

합의를 강요하지 마라

언젠가 젊은 테니스 선수를 고객으로 두었을 때의 일이다. 그녀는 대학 4년 동안 상당히 좋은 성적을 거두었다. 하지만 많은 사람들이 이미 알고 있듯이, 요즘에는 여성 선수가 대학을 졸업

하고 프로에 입문했다는 사실이 프로에서의 성적에 걸림돌이 되기도 한다. 당시 그녀는 자신이 라켓 협찬을 받을 수 있는 충분한 위치에 있다고 생각하고 내게 협찬사를 알아봐달라고 부탁했다. 그때만 해도 나는 젊고 경험도 그리 많지 않은 변호사였다. 나는 그렇게 하겠다고 말했다.

협찬사의 직원은 나와 얘기를 나눈 뒤 "물론이죠. 우리도 그 선수 후원에 관심이 있습니다"라고 대답했다. 그 직원의 호의적인 모습에 사실은 좀 놀랐다. 그 직원이 내비치는 관심을 확실히 이해하기 위해서는 더 캐묻고 알아봐야 했지만 당시에는 좋은 조건을 놓치기 싫은 마음에 계약하기에만 급급했다.

"좋습니다. 계약하는 데 제가 어떻게 도움을 드리면 될까요?" 회사에서 그녀에게 어떤 식으로 협찬하겠다는 건지 알아보기 위해 내가 물었다. 목표와 타깃, 최대 양보점을 은근히 알아보려는 속내였다. 단순한 장비 이상의 협찬을 얻어내야 한다는 생각은 확실했지만 어떤 협찬을 받아야 하는지에 대해서는 전혀 감을 잡을 수 없었다.

그러자 그 직원은 약간 서두르는 듯한 말투로 대화를 마무리하려 했다. "일단 계약서를 보내주시면 그걸 보고 나서 얘기하죠." 말이야 간단했지만, 그녀 수준의 선수에게 협찬하는 경우 '공식적인' 계약서가 존재하지 않는다는 사실은 나도 알고 그도 알고 있었다. 나는 그녀를 비롯해 여러 사람들과 이야기해보고 고민을 거듭한 끝에 계약서를 만들어 보내기로 마음먹었다. 하지만 대담하게도 나는 그 계약서에 장비를 시작으로 랭킹 상승에 따른 보너스 지급, 그랜드슬램 대회* 우승 시 보너스 지급 등의 내용까지 집어넣었다.

나는 계약서를 우편으로 부쳤다. 그런데 아무 연락이 없었다. 괜히 나 혼자 조바심 내는 모습을 보이기 싫어 기다리고 또 기다렸다. 그러다 좀 이상하다는 생각이 들어서 직원에게 전화를 걸었다. 내 전화를 받은 그 직원은 이렇게 물었다. "누구시라고요?" 처음에는 그렇게도 친절하던 말투가 완전히 빈정대는 말투로 변해 있었다. 그러더니 이내 쏘아대기 시작했다. "이봐요, 당신 고객이 얼마나 대단한 선수인지는 모르겠지만 그렇게 거창한 후원을 할 생각은 전혀 없어요." 나는 그저 대화의 시발점을 찾기 위해 그랬을 뿐이라고 해명했다. 하지만 그 직원은 내가 닻 내리기 작전을 시도하는 게 아니었다는 점을 확실히 하고 싶어 했다. 대화를 나눈 끝에 결국 회사에서 장비를 지원해주긴 했지만 그걸로 끝이었다.

상대를 내 편으로 만들고 싶다면 귀를 기울여라

나는 그 직원의 말을 듣지 않았다. 아니, 적어도 상대방이 좀 더 설명할 수 있는 시간을 갖도록 충분히 기다렸어야 했는데 그러

---

* 그랜드슬램을 달성할 수 있는 메이저 대회들을 가리킨다. 그랜드슬램은 한 해에 4대 메이저 대회를 모두 석권할 때 달성되는데, 테니스의 그랜드슬램 대회는 호주오픈, 프랑스오픈, 윔블던대회, US오픈이다.

프로의 팁

어떤 협상이든 자신이 가고자 하는 방향을 말해야만 하는
순간이 있다. 그리고 더 이상 없다.
그렇지 않으면 아무런 해결책도 찾을 수 없다.

– 데이비드 스턴 –
NBA 커미셔너

지 못했다. 그리고 더 깊이 들어가지 못했다. 상대방에게서 더 많은 정보를 뽑아냈어야 했다. 그냥 탐색을 위한 질문을 했더라면 더 좋은 결과를 얻을 수 있었는지도 모른다. 나 혼자 지레 넘겨짚으면서 현실(장비 협찬)보다는 내가 원하는 방향(멋들어진 협찬)으로 움직이고 말았다.

성공적인 협상을 위해 듣는 게 중요하다는 사실은 샤피로도 강조하는 점이다. 또한 들을 때는 첫마디만 집중하지 말고 대화를 통해 나오는 다른 말들도 잘 들어야 한다.

상대방에게서 정보를 이끌어내기란 쉽지 않은 일이다. 어쩌면 정보를 얻어낼 수 있는 최선의 방법은 「포브스Forbes」 발행인이자 CEO인 말콤 포브스Malcolm Forbes가 했던 다음과 같은 말일지 모른다. "누군가를 유혹하고 싶다면 그 사람의 의견을 구하고 경청하라." W. 데이비드 콘웰은 여기서 한 걸음 더 나아간다. "불편해지는 순간이 올 때까지 침묵을 지켜라. 상대방이 계속 말해야 할 필요를 느낀다면 말하는 도중에 그가 어떤 정보를 발설할지는 아무

도 모른다."

이야기를 너무 많이 하고 남의 말을 듣지 않는 궁극적인 이유는 거래를 놓칠지 모른다는 두려움 때문이다. 하지만 최대 양보점을 확실히 정해놓은 상태에서 그 양보점을 변경할 만한 새로운 자료가 들어오지 않는다면 협상에서 손을 떼는 것도 그리 나쁜 일은 아니다.

최고의 협상

때로는 타결의 기미가 잘 보이지 않는 협상이 있다. 그렇다고 반드시 협상이 교착 상태에 빠진다거나 누군가 손을 떼야 한다는 뜻은 아니다. 양측 모두 해결하고자 하는 마음이 있다면 창의성 발휘라는 좀 더 수준 높은 방법이 필요할 수도 있다.

스포츠 비즈니스에는 엄청난 거래들이 많다. 예를 들면 농구 선수 월트 체임벌린Wilt Chamberlain과 카림 압둘-자바(루 알신더)의 로스앤젤레스 레이커스 이적, 그리고 그보다 훨씬 더 전에 겨우 12만 5,000달러에 성사된 베이브 루스의 트레이드,* 알렉스 로드리게스를 양키스로 데려온 계약도 빼놓을 수 없다. 로드리게스가

---

* 보스턴 레드삭스가 뉴욕 양키스에 헐값으로 베이브 루스를 넘긴 이 트레이드는 메이저리그의 판도를 바꿨다. 이후 루스는 뉴욕 양키스에서 전설의 홈런 타자가 됐고 양키스는 총 네 차례 월드시리즈 정상에 올랐다. 반면 레드삭스는 루스를 팔아넘긴 후 86년간 단 한 차례도 우승하지 못했다. 이를 '밤비노의 저주'라 부른다.

유격수에서 3루수로 변신할 줄 그 누가 알았겠는가. 스포츠 스폰서 계약의 규모가 급격하게 증가한 점도 그 이유에 포함될 수 있다. 하지만 전체적인 가치를 따지고 협상 해결사들의 선견지명이라는 면에서 볼 때 오늘날까지도 회자되는, 그 어떤 협상도 따라올 수 없는 거래가 하나 있다. 아주 창의적이었고 약간은 투기적인 면도 없진 않았지만 협상 양측 모두에게 만족스러운 결과를 안겨준 거래였다.

오지 실나Ozzie Silna와 댄 실나Dan Silna 형제는 옛 미국농구협회American Basketball Association, ABA 팀이었던 세인트루이스 스피릿츠Spirits of St. Louis 구단주로, 스포츠 분야에서 가장 긴 계약 기간을 정한 덕분에 30년이 넘도록 돈을 지급받고 있다.

누구나 원하지만 사실 합의 가능성이 거의 없는 이 거래는 힘을 얻은 한 리그가 다른 리그를 합병하면서 이뤄졌다. 도널드 트럼프가 예전에 미합중국축구리그United States Football League, USFL의 팀을 매입했던 이유 중 하나도 나중에 합병 기회를 엿보았기 때문이다(더 자세한 내용은 7장에서 다루었다). 미식축구와 농구에서는 과거에도 성공적인 합병 사례가 있었다. 1970년에는 미식축구의 AFL과 NFL이 합병했고, 1976년에는 농구에서 ABA와 NBA의 합병이 이루어졌다.

ABA와 NBA의 합병이 세인트루이스 스피릿츠에게 얼마나 대단한 거래가 될지는 아무도 상상하지 못했다. NBA는 ABA를 흡수하면서 ABA 소속의 기존 6개 팀 중 네 팀만을 흡수하기로 했다. 합병에 포함되지 않은 세인트루이스 스피릿츠와 켄터키 콜로 널스 두 팀에게는 ABA 규정에 따라 보상금을 지급해야 했다.

이에 켄터키 콜로널스는 330만 달러를 일시불로 받고 구단을 접기로 합의했다. 그런데 세인트루이스 스피릿츠는 300만 달러 외에 NBA에 합류하는 ABA 4개 구단에게서 각각 방송 중계권료의 7분의 1을 영구적으로 받기로 했다. 이 합의가 얼마나 엄청난 결과를 불러올지는 실나 형제를 포함해 그 누구도 예상하지 못했다. 실나 형제가 현재까지 중계권료로 받아 챙긴 돈의 액수는 무려 2억 달러에 이른다.

창의성에서 높은 점수를 받을 만한 거래라면 프로축구 프랜차이즈 매입을 위한 거래 역시 빼놓을 수 없다. 전 세계 70개국에서 2만 8,000명의 스포츠 팬들이 마이풋볼클럽이라는 웹사이트(www.myfootballclub.co.uk)에 가입했다. 이들은 한 사람당 35파운드, 약 68달러의 연회비를 냈다. 그리고 웹사이트는 마이풋볼클럽 트러스트MyFootballClub Trust를 통해 회원들에게 구단 지분을 주었다. 이 돈은 팀 매입에 필요한 인수 자금을 조달했을 뿐 아니라 2만 8,000명이 넘는 팬 층을 한순간에 끌어모으는 역할을 했다. 결국 마이풋볼클럽은 영국 5부 리그 소속의 엡스플리트 유나이티드Ebbsfleet United 팀을 인수했다. 회원 2만 8,000명의 공통 관심사는 구단주가 되는 것이었다. 이들 모두가 힘을 모으지 않았다면 아마도 불가능한 일이었을 것이다.

엡스플리트 유나이티드의 주주들은 63만 5,000파운드, 대략

123만 1,900달러 선에서 구단 인수에 합의했다. 이들이 구단을 인수한 이유는 관심과 흥미를 느꼈기 때문이다. 이익도 중요하지만 팬 층의 확장 또한 중요한 일이었다. 결국 마이풋볼클럽 트러스트는 팀의 지분 75퍼센트를 소유하게 되었다.

엡스플리트 유나이티드의 기존 스폰서들은 이 아이디어에 열광했다. 온라인 회원들이 구단을 인수하기 전까지 팀은 매년 3만 파운드의 적자를 내고 있었다. 하지만 구단 인수 후 러시아, 브라질, 멕시코, 스웨덴 등에서 TV 중계팀을 보내면서 무명에 가까웠던 팀이 세상의 주목을 받기 시작했다.

원래 대단한 거래라는 게 거의 그렇지만, 처음부터 알고 하는 사람이 몇이나 되겠는가? 골프장에서 내가 어쩌다 한 번 멋진 샷을 날릴 때면 옆에 있는 친구가 늘 하는 말이 있다. "소 뒷걸음치다 쥐잡기라, 천재일우의 기회를 잡았구먼."

합의 후 합의를 끌어내는 법

거래에서 가장 간과하기 쉬운 부분을 꼽으라면 마무리 단계가 아닌가 싶다. 이제 드디어 협상의 끝이 보인다는 생각에 쉽게 흥분하기 때문이다. 하지만 가능하다면 양측 모두를 위해, 마지막 순간에도 거래 내용을 향상시킬 수 있는 여지가 있다는 사실을 늘 염두에 두어야 한다.

일단 가격이 정해지고 나면 상대방에게는 중요하게 여겨질 수

파이어리츠의 영웅 윌리 스타젤

교섭 과정을 온전히 포용하라

있는 지불 방식, 전달 시기, 장소 등 세부적인 내용이 자신에게는 중요하지 않게 느껴질 수도 있다. 하지만 마지막 순간까지 정보를 알아내기 위해 노력해야만 한다.

협상을 마무리하는 단계에서 사용하는 한 가지 방법이 있다. 협상 전문 용어로는 '합의 후 합의postsettlement negotiation'라고 한다. 예를 들어 거래가 끝났다고 가정해보자. 당신은 이미 계약서 초안에 서명을 한 상태다. 그때 이런 제안을 해볼 수 있다. "둘 다 도움이 되는 방향으로 내용을 수정할 방법이 있을까요?" 그렇다고 협상이 끝날 때마다 이런 제안을 해도 좋다는 것은 아니다. 혹시라도 협상을 다시 시작할 수도 있다는 의도를 조금이라도 내비쳐서 거래 자체가 날아갈 가능성이 있는 경우에는 더더욱 삼가야 한다. 하지만 서로 우호적인 분위기를 유지하는 상태이고 상대방이 협력자 유형이라면 앞서 합의했던 내용보다 더 나은 협상 결과를 이끌어낼 수도 있다.

일하지 말고, 즐겨라!

존 우든 감독은 상대방에게 집중하기보다는 실행을 위한 준비가 더 중요하다며 이렇게 말한다. "자기가 어떻게 할 수 없는 부분에 대해서는 너무 걱정하지 마라. 그러다 나중에는 자기가 통제할 수 있는 부분에까지 악영향을 끼친다."

이 장에서 제안하는 바를 성취하려면 반드시 준비를 갖춰야 한다. 준비에서 생긴 자신감은 협상에서 중요한 역할을 할 것이며, 그런 자신감은 몇 번의 거래 경험을 통해 얻어진다. 6장을 시작하면서 소개한 윌리 스타젤의 말에 핵심이 들어 있다. 어떤 활동을 하건 일하는 게 아니라 즐긴다고 받아들이면 성공은 더욱 가까워진다.

• 협상의 달인으로 거듭나기 위한 지침

1. 완벽한 준비를 통해 협상을 더욱 즐겨라.
2. 연습만이 살길이라는 점을 명심하라.
3. 상대방이 자신을 따라오게 만들어라.
4. 협상 현장에서도 정보를 수집하라. 얻어낸 정보에 따라 전략을 수정하라.
5. 혁신적으로 사고하라. 창의적인 제안을 하라.
6. 자신이 정한 최대 양보점을 믿어라.
7. 자신의 준비를 믿고 자신감을 가져라.

Negotiate Like the Pros

7.

다른 사람의 일을 처리하라

그건 에이전트가 할 일이죠.

– 라트렐 스프리웰Latrell Sprewell –

다른 사람의 일을 처리하라

그건 에이전트가 할 일이죠.*

— 라트렐 스프리웰Latrell Sprewell —

한번은 어느 유력 대학에서 새로 일하게 될 테니스 코치의 계약 협상을 도와준 적이 있었다. 그 코치와 나는 전화로 요구 조건이나 연봉, 상여금 등 갖가지 문제에 대해 상세하게 의논했다. 그러다 내가 그 대학의 계약 담당자가 누구냐고 묻자 그는 잠시 머뭇거리다가 대답했다. "아무래도 제가 직접 협상하는 게 더 좋을 것 같아요."

---

* 농구계의 슈퍼 악동으로 유명했던 스프리웰은 소속팀 뉴욕 닉스와 동료들에게 알리지도 않고 NBA 1999-2000년 시즌 대비 훈련에 일주일간 불참한 이유를 묻자 이렇게 답했다.

코치가 학교 측에 전화를 걸어 계약 사항에 대해 물어보면서 대리인 얘기를 꺼내자 "우리는 에이전트와 상대하지 않습니다"라는 대답이 돌아왔다는 것이다. 이 경우처럼 거래나 협상에서 대리인을 곱지 않은 시선으로 바라보는 경우가 종종 있다. 그중에서도 스포츠 에이전트라고 하면 유달리 색안경을 끼고 바라보는 사람들이 많다. 사실 미식축구나 농구 정도를 제외하면 프로 팀 코치도 아닌 대학 스포츠 팀 코치의 협상을 도와주는 에이전트를 찾기란 쉽지 않은 실정이다. 아마도 스포츠 에이전트를 상대로 계약 해본 적이 없었던 학교 직원은 여태껏 해왔던 협상 관행에서 벗어나는 게 싫었을 것이다.

나는 많은 사람들이 에이전트를 활용하는 주된 이유가 장차 발생할 문제에서 방패 역할을 해줄 뿐 아니라 전문적인 도움을 줄 수 있기 때문이라고 그 코치에게 설명했다. 그리고 계약 경험 면에서 잔뼈가 굵은 학교 직원에 맞서 경험이 없는 코치가 나서느니 차라리 내가 대신해서 협상하는 편이 일처리가 쉽겠다는 직감이 들었다.

그렇지만 그 코치는 내가 뒤에 숨어 있지 않고 앞으로 나설 경우 득보다 실이 많을 것이라고 확신하고 있었다. 어차피 칼자루는 그에게 있었다. 그리고 협상에 대해 이것저것 얘기를 나누다 보니 나도 그가 직접 협상 테이블에 앉아도 잘해낼 거라는 생각이 들었다. 게다가 서로 밀고 당기고 할 만한 까다로운 조건들도 별로 없는 협상이라 괜찮겠다 싶었다. 어쨌든 나를 고용한 사람이 그 코치인 데다가 그가 사업 거래에도 꽤 유능한 사람이었기 때문에 내가 해주는 조언만 잘 따르면 그 협상도 잘 처리할 수 있을 거라는 생각이 들었다.

협상 계획에 완전히 동의하기 전에, 나는 그 코치에게 대학에 고용되더라도 이번 협상으로 인해 앞으로 학교 측과의 관계에서 발생할지 모르는 부정적인 면들에 대해서도 미리 생각을 해두라고 주의를 주었다. 물론 그런 이유 때문에 사람들이 에이전트를 고용하는 것이라고 다시금 일깨워주기는 했지만, 때로는 에이전트가 개입함으로써 좋지 못한 결과가 초래될 수도 있다는 점을 나 또한 부정할 수 없었다.

협상 테이블 반대편에 제3자, 즉 에이전트가 등장하는 상황을 꺼리는 현상을 이야기하니, 1960년대 그린베이 패커스의 빈스 롬바르디Vince Lombardi 감독에 얽힌 일화가 떠오른다. 롬바르디는 존 우든과 함께 역대 최고의 감독으로 손꼽히는 지도자로, 수많은 경영 서적에 소개된 그의 리더십과 동기부여 방법은 다른 지도자들에게 귀감이 되고 있다.

전해지는 일화에 따르면 롬바르디 감독과 짐 링고Jim Ringo 선수가 협상하는 자리였다고 한다. 링고가 넥타이를 맨 어떤 남자를 대동하고 회의실에 들어서자 연봉 협상 책임자이기도 했던 롬바르디 감독이 링고에게 그가 누구냐고 물었다.

"제 에이전트입니다."

그 말이 떨어지기 무섭게 롬바르디 감독은 자리에서 벌떡 일

전설의 NFL 감독 빈스 롬바르디

다른 사람의 일을 처리하라

어나 옆방으로 갔다. 잠시 후 다시 회의실로 들어선 롬바르디 감독은 링고와 그의 에이전트에게 말했다. 링고가 방금 필라델피아 팀으로 트레이드됐으니 다른 팀 소속의 선수와는 더 이상 협상할 일이 없다고 말이다.

물론 앞 사례의 그 학교 담당자가 롬바르디 감독과 똑같은 사람이라고 생각되진 않는다. 하지만 그의 과거 협상 방식을 살펴볼 때 변화보다는 현상 유지를 원할 거라는 점은 불 보듯 뻔했다. 학교 담당자의 과거 행적과 코치의 근심 때문에 우리는 다른 방식으로 접근을 시도했다. 이메일을 통해 협상을 진행하는 방법이었다. 담당자와 코치가 서로의 의견을 이메일로 주고받으면 내가 그 내용을 보면서 앞으로의 상황 전개나 조심해야 할 점들에 대해 조언을 해줄 수 있다는 계산이었다.

학교 측에서 먼저 제안을 해온 덕분에 우리 입장에서는 대응하기가 쉬웠다. 우리는 그 코치의 경험과 환경 등 다른 코치들과 차별되는 특별한 점이 있음을 강조하고, 다른 대학교 지도자들의 연봉 수준을 예시하면서 내 고객이 원하는 연봉 금액을 밝히는 이메일을 준비했다. 결과적으로 우리는 만족스러운 연봉을 받아냈고, 학교 측도 에이전트와 협상하느라 시간을 허비하지 않을 수 있었다.

우리는 상대편의 스타일을 이해하고 받아들임으로써 서로 좋은 관계를 유지하면서 사실상 우리가 원하던 바를 얻어냈다. 협상이 진행되는 동안 나는 혹시라도 일이 순조롭게 진행되지 않으면 직접 나서야겠다고 내심 생각하고 있었다. 하지만 전혀 그럴 필요가 없었다.

에이전트 비즈니스의 실상

수년에 걸쳐 나는 스포츠 에이전트 및 그들의 사업에 관해 글을 써왔다. 그 글들의 주 내용은 에이전트 비즈니스는 곧 '관계의 비즈니스'라는 것이다.

선수와 에이전트의 관계를 살펴보면 대리인의 권한을 위임하는 사람 혹은 위임받는 사람이 된다는 것이 무엇인지, 어떻게 거래에서 최상의 성과를 이끌어내는지에 대해 많은 것을 배울 수 있다. 누군가 나를 위해 협상을 해주거나 내가 누군가를 위해 협상을 해주었던 경험은 누구에게나 있다. 이런 협상 경험에서 익힌 기술은 변호사나 부동산중개인 같은 대리인을 선임할 때도 큰 도움이 된다. 어느 때부턴가 나는 내 이익을 대변해줄 사람을 떠올릴 때면 늘 부동산중개인이 떠오른다.

"저를 통해 그 집을 사기로 하신 건 정말 잘하신 겁니다."

내 의뢰인이 생애 첫 주택을 구매하기 위해 만났던 부동산중개인이 말했다.

"그런데 그 집을 사려고 더 높은 금액을 제시하는 분들이 있다는 사실을 아셔야 합니다. 그것도 선생님이 제시하는 금액보다 상당히 높은 금액으로요." 그는 걱정스러운 눈빛으로 내 의뢰인을 바라보면서 말을 이어나갔다. "전 선생님이 그 집을 구매하셨으면 좋겠어요."

그 순간 거래가 성사되지 않으면 중개인이 수수료를 받지 못한다는 사실이 퍼뜩 머리를 스쳤다. 나는 내 고객을 따로 불러서, 괜히 걱정된다고 마지막 순간에 구매 제시액을 높여 부르지 말라고 했다. 게다가 몇천 달러 더 부른다고 해서 중개인 수수료가 크게 차이 나는 것도 아니었다. 부동산중개인에게 가장 중요한 일은 일단 계약을 성사시키는 것이다.

계약을 체결해야 금전적인 보상이 따라오는 것은 스포츠 에이전트도 마찬가지다. 거래가 모두 완결되는 순간에 비로소 수중에 돈이 들어온다. 물론 여기에 선수가 재계약 대박을 터뜨리고 사이닝 보너스signing bonus*를 받으면 더 많은 돈을 받는다. 담당 에이전트도 수백만 달러에 이르는 보너스의 일정 부분을 수수료로 챙기기 때문이다.

스포츠 에이전트에게는 이런 금전적 보상이 관계를 선택하는 주요 원인이다. 그래서 선수 입장에서는 매우 중요한 관계를 에이전트들이 소홀히 생각하는 경우도 있다(5장을 참고하라). 운동선수들은 소속팀의 운영진이나 코치들과 돈독한 관계를 유지해야 할 필요가 있다. 반면 에이전트들은 선수의 현 소속팀과 향후 협상에 대해 신경 쓰기도 하지만 운영진이나 코치들과 어쩌다 각을 세운

---

* 미국 메이저리그에서 FA 제도가 생기면서 나타난 용어로, 연봉 외에 별도의 이적료가 계약에 포함되는데 이 이적료 명목으로 받는 보너스를 말한다.

다 해도 별 지장이 없다. 에이전트의 주요 목표가 시합이나 경기 결과가 아니기는 하지만, 이런 태도 때문에 고객에게 악영향을 미치는 일은 없어야 한다. 이 점에서는 에이전트와 선수의 이해관계가 맞아떨어져야 한다.

특히 선수가 경력이 끝나가면서 대중의 기억 속에서 점점 멀어져가고 장기적으로 에이전트의 수입에 더 이상 도움을 주지 못하는 은퇴 시기가 올 때 서로의 이해관계가 엇갈리는 모습이 드러난다. 당신의 고객이었던 선수는 유니폼을 벗은 후 현역 시절 돈만 밝혔던 사람으로 기억될 것인가, 아니면 팀을 위해 경기했고 계약에서도 소속팀과 지역사회의 이익을 고려했던 사람으로 기억될 것인가?

5장에 등장한 론 샤피로의 협상이 예외적인 이유가 바로 이 때문이다. 대부분의 경우 에이전트를 고용할 때 따르는 주요 문제는 에이전트와 의뢰인 사이의 뜻이 언제나 일치하지는 않는다는 데 있다. 당신도 직원들과 이런 문제를 겪고 있는가? 당신이 고용한 부동산중개인은 어떤가? 당신 자신은 어떤가? 이런 관계 속에서 적절한 보상이 이루어지고 있는가?

어떤 분야의 사람들과 함께 일하든지 서로의 이해관계를 일치시키도록 노력해야 한다. 예를 들어 앞서 얘기한 부동산중개인의 경우는 적절한 금액에 집을 찾아준다면 정해진 수수료 외에 보너스를 얹어주는 방법도 고려해볼 만하다. 당신이 고용주라면 기대 이상의 뛰어난 실적을 거둔 직원에게 상여금을 지급할 수도 있다.

더 열심히 일하고 더 좋은 조건으로 계약을 성사시키면 자기에게도 보상이 따른다는 사실을 알게 될 때 이는 당사자인 직원뿐 아니라 회사에게도 이익이 된다.

에이전트가 꼭 있어야 할까?

앞서 에이전트를 꺼리는 상대와 협상을 해야 했던 테니스 코치의 사례처럼, 에이전트를 고용할 것인가 말 것인가 여부가 고민된다면 협상에 대해 사전 분석 작업이 필요하다. 부동산이든 스포츠든, 어떤 비즈니스를 하든지 거래 체결을 위해 언제 제3자를 이용할지 결정할 필요가 있다.

그러면 결정에서 고려해야 할 부분은 무엇일까? 일반적으로 운동선수나 연예인들은 에이전트를 두고 활동하는 경향이 있다. 그렇다고 반드시 특정 이유가 있어서 그런 것만은 아니다. 에이전트를 두는 배경에는 "다들 그렇게 하잖아. 나라고 하지 않을 이유가 있어?"라는 의식이 깔려 있는 경우가 대부분이다.

에이전트를 언제 이용하는 게 가장 좋은지에 관한 연구는 많다. 그중에서도 나는 '언제 에이전트를 이용해야 할까? When Should We Use Agents?'라는 제목의 기사에 실린 내용이 학술적이면서도 마음에 든다. 그 기사는 "특수한 전문성이 요구되고 전술 변경이 시급하며, 직접 거래할 경우 화합보다는 충돌이 예상될 때"가 에이전트를 이용할 최적의 시기라고 주장한다.

자신을 대변해줄 사람을 찾는 까닭은 우리가 혼자서 모든 일을 할 수 없다는, 분명하면서도 단순한 문제에서 출발한다. 따라서 남에게 과시하려는 것이 아니라 역할 분담이라는 실용적인 이유로 에이전트를 고용해야 한다. 그리고 당신이 전문 에이전트를 이용하든, 대신 일을 맡아줄 직원을 고용하든 협상에서 원하는 결과를 얻으려면 당신과 더불어 그들에게도 반드시 이익이 돌아가도록 해야 한다는 점을 명심하라.

당신의 말과 생각에 동의하는가?

제3자를 대리인으로 선택하거나, 고용주인 당신이 회사를 대표해 다른 직원을 내세우기로 결정했다면 이젠 그 사람이 당신의 생각을 그대로 받아들게 해야 한다. 아니면 당신이 그 사람의 생각을 믿고 받아들여야 한다. 당신의 관점과 이해관계를 이해하지 못하는 대리인이나 직원은 당신을 대신해서 협상하기에 적절한 사람이 아니다. 만일 대리인이나 직원이 당신의 관점과 이해관계를 이해한다면, 설사 그의 방식이 당신의 협상 철학과 일치하지 않더라도 당신은 그가 당신이 원하는 협상 결과를 이끌어낼 수 있다고 믿을 수 있다.

앞서 나와 테니스 코치의 경우는 협상에 대한 생각과 방식, 그리고 서로의 이해관계가 완벽하게 들어맞은 사례였다. 하지만 몇 년 전 어떤 고객과는 삐걱거리는 경험을 한 적도 있었다. 나는 당시 필라델피아 시장이었던 존 스트리트John Street가 조직한 위원회의 회장으로서 프로미식축구장과 프로야구장을 언제 어디에 세울 것인지 결정해야 했다.

"시장님, 차이나타운 지역 지도자들을 만나 차분히 얘기하세요. 그쪽 지도자들과 시장님이 공동성명을 발표할 수 있도록 해야 합니다."

시장에게 내 생각을 이해시키고 그 방향으로 움직이도록 나름 오랫동안 노력해왔기 때문에 그가 내 제안을 따르리라 믿었다. 나는 내 제안이 옳다고 확신하고 있었다. 시장도 내게 걱정하지 말라고 했다. 그리고 누구나 가끔씩 그렇듯 당시 내 귀에는 "당신 제안대로 하죠"와 같이 내가 듣고 싶은 소리만 들려왔다. 이때가 2000년이었다.

그러나 위원회의 제안과 달리 시장은 지역사회 지도자들과 비공개회담을 진행하지 않았다. 그러는 사이 누군가가 이 사실을 언론에 흘렸고, 이에 지역의 유력 인사들이 항의해오기 시작했다. 더군다나 나는 처음부터 내가 시장의 에이전트 역할을 한다고 생각했는데 어느 순간 마치 시장이 내 에이전트 역할을 하는 것처럼 비쳐지는, 상상도 못 했던 일이 벌어지고 있었다. 시장이 차이나타운 지도자들과 회담을 하지 않기로 결정하자 필라델피아 시민들과 차이나타운 주민들은 시장과 내가 한편이라고 여겼다. 시장이 이 사안을 공개하자 사람들은 시장이 나를 대변한다고 판단했던 것이다.

그러자 상황이 이상하게 흘러갔다. 심지어는 내 맞은편에 앉아 있던 20여 명의 귀여운 중국계 어린이들까지도 나를 원망의 눈빛으로 쳐다보았다. 그 이유는 다름 아닌 내가 필라델피아 필리스Philadelphia Phillies를 위한 야구장을 차이나타운 주변에 신설하자고 제안한 위원회의 회장이라는 사실 때문이었다. 사실 신문이나 라디오, 사회운동가들이 주장하는 것처럼 차이나타운 안에 야구장이 들어가는 것은 아니었다. 게다가 차이나타운 주변 어딘가에 뭔가를 짓는다는 게 정치적으로 그렇게 뜨거운 감자가 될지는 정말 미처 몰랐었다.

나는 시장에게 차이나타운 지역 지도자들과 자리를 마련해서 무엇을 내주고 어떤 혜택을 받게 될지에 대해 물밑 협상을 벌이라고 차분히 설명했다. 그러나 시장은 내 조언을 귀담아듣지 않았다.

청문회에 출두한 나는 나 자신과 '시민 자원봉사자'인 위원회 회원들을 위해 변호 발언했다. 하지만 소용없었다. 세상 사람들은 위원회가 무고한 시민들을 회유했다고만 생각했다. 대중의 메시지가 일단 전달되면 이를 되돌리기란 쉬운 일이 아니다.

다른 사람의 일을 처리할 때는 당신이 도와주는 그 사람이 당신의 말과 생각에 동의하는지 반드시 확인해야 한다. 야구장을 건립하는 문제에서 시장과 나는 접근 방식에 차이가 있었다. 그리고 나는 시장이 택하려고 했던 절차를 진심으로 이해하기 위해 충분히 조사해야 했음에도 그러지 못했다. 결국 야구장은 차이나타운 근처가 아닌 예전 야구장이 있던 필라델피아 남부 스포츠 종합단지 안에 지어졌다.

약속은 작게, 결과는 크게

최고의 스포츠 에이전트들이 선수들에게 금전적 문제를 이해시키기 위해 얼마나 많은 시간을 들여 애쓰는지 들은 적이 있다. 이들은 계약을 결정짓기 위해 비교 대상이 될 동급 선수들의 연봉 분석 상황을 완벽하게 준비해 차근차근 보여준다. 주어진 협상 관련 자료를 철저히 준비하는 것은 좋은 생각이다. '약속은 작게, 결과는 크게' 접근하는 방식은 다른 사람을 대신해서 일할 때 지켜야 할 핵심 원칙이다.

초반에 시간을 들여 충분히 준비하면 협상을 진행하는 내내 큰 도움이 된다. 만일 당신이 어느 회사의 직원이라면 그 분야에서 새로운 정보를 습득했을 경우 반드시 경영진에게 알려야 한다.

프로의 팁

협상의 예상 결과를 고객이 알 수 있도록 하고,
상황이 바뀔 때마다 고객에게 알리는 것이 중요하다.
반드시 기대 관리를 해야 한다.

– 빌 스트릭랜드Bill Strickland –
블루 연예스포츠 방송 회장

그 정보로 인해 협상 환경이 바뀌거나 추구하는 결과의 향방이 바뀔 수도 있기 때문이다.

장기적인 파트너십을 구축하라

에이전트의 역할에 대한 조언을 마지막으로 하나 더 하자면, 에이전트 혹은 고객과 사업 파트너십을 구축해야 한다는 것이다. 물론 그렇다고 해서 법적인 구속력을 지닐 필요는 없다. 에이전트 뿐 아니라 사업 파트너도 상대를 대신해 협상을 이끌어나갈 권한을 부여받는다. 사업 파트너십은 법률사무소나 제약회사, 아이스크림 사업 등 어떤 영역에서든 이루어질 수 있다.

스포츠계에서 에이전트가 나를 대변해주거나 내가 에이전트가 되어 다른 사람을 대변해주듯이, 사업 환경 속에서도 똑같은 원리가 작용한다. 사업 파트너나 동업자는 자기들끼리 끊임없이 협상을 이어나갈 뿐 아니라 외부 업체와의 거래에서도 서로를 위해 협상해주기도 한다.

따라서 자신이 선택한 파트너에 대해 속속들이 알 필요가 있다. 때늦은 후회를 하고 싶지 않다면 말이다. 서로의 관계, 그리고 이익에 대한 집중은 장기적인 협력 관계를 유지하는 데 매우 중요한 역할을 한다. 이런 파트너십이 형성되면 이들은 당신이 협상에 전념할 수 있는 시간이 충분하지 않을 때도 당신의 이익을 대변하기 위해 나서줄 것이다.

자신의 에이전트 혹은 파트너에 대해 잘 알아야 하는 이유를 보여주는 대표적인 사례로는 USFL(옛 미합중국축구리그)에 관여한 도널드 트럼프의 일화를 들 수 있다. "USFL과 일하면서 저지른 유일한 실수가 있다면 그건 동료 구단주들의 힘을 믿었다는 사실이다." 트럼프의 말이다. 그는 자신의 뉴저지 제너럴스New Jersey Generals 구단이 속해 있는 USFL과 NFL이 합병하기를 바라며, NFL을 상대로 장기적인 싸움을 준비했다. 하지만 USFL이 해산하고 구단주들에게 할당된 자금이 바닥나자, NFL과의 싸움을 계속하고자 하는 사람은 자기 혼자뿐임을 깨달았다.

트럼프가 얻은 교훈은 파트너와 모험을 하려거든 먼저 그 사람의 지갑이 두둑한지를 확인해야 한다는 것이었다. 더불어 모험을 감행하려는 파트너의 열정이 얼마나 깊은지도 파악해야 한다. 트럼프가 후자에 주의를 기울였다면 애초에 새로 출범하는 리그에 관심을 가지지 않았을지도 모른다.

대리인을 고용하거나, 자신이 다른 사람을 대변하거나, 자신이 타인의 영향력 아래 놓이는 사업 관계를 시작할 때는 신중하게 행동하라.

협상의 달인으로 거듭나기 위한 지침

1. 자신의 에이전트 또는 고용주와 화합해야 한다는 점을 명심하라.
2. 에이전트 또는 고용주가 스타일마저 똑같을 필요는 없다는 점을 이해하라.
3. 서로의 이해관계를 조율하고 갈등을 해소하라.
4. 제대로 된 에이전트를 선택하라.
5. 에이전트를 고용했다면 그를 잘 관리하라.
6. 자신이 에이전트라면 고객을 잘 관리하라.
7. 일어날 수 있는 모든 상황에 대비하라.

NEGOTIATE LIKE THE PROS

8.

대중의 심리를 파악하라

투견은 해서는 안 될 일이었습니다.
모든 분께 진심으로 사죄드립니다.

— 마이클 빅 —
NFL 쿼터백

대중의 심리를 파악하라

투견은 해서는 안 될 일이었습니다.
모든 분께 진심으로 사죄드립니다.

– 마이클 빅 –
NFL 쿼터백

"제가 이 자리에 선 것은 과거에 대해 얘기하기 위해서가 아닙니다. 사실을 말하러 왔을 뿐입니다."

청문회에 출두한 마크 맥과이어Mark McGwire는 변호사들이 조언한 대로 마치 능수능란한 정치인처럼 답변했다. 맥과이어가 깨닫지 못했는지도 모르지만, 그날 대화의 진정한 주제는 그가 스테로이드를 복용했느냐 안 했느냐의 여부가 아니라 유명인으로서 그가 자신의 긍정적인 이미지를 유지하느냐 마느냐에 있었다. 2005년 3월 17일의 일이다.

그 당시 미국 야구계를 뒤흔든 약물 파동과 관련해 맥과이어는 "저는 선수로서 이미 은퇴했습니다"라고 대답하며 모르쇠로 일관했다. 레이번하우스 오피스빌딩 청문회장 254호실 안에서 비웃음이 터져 나왔다. 맥과이어는 불편한 기색을 보이면서도 자신의 전략을 밀고 나갔다. 배심원석에 있던 몇몇 의원들은 분노를 감추지 못했다.

인디애나 주의 하원의원 마크 사우더Mark Souder는 심지어 이렇게 말하기까지 했다. "절대로 그냥 넘어가면 안 돼요. 우린 감시위원회라고요. 만일 엔론* 경영진이 여기 나와서 '과거에 대해 얘기하기 위해 이 자리에 선 것이 아닙니다'라고 한다면 의회가 가만 있어야 할까요?"

홈런 타자로 미국의 영웅 대접을 받았던 사람이 하루아침에 미국에서 가장 미움 받는 대기업과 비유되는 장면을 모두가 지켜보았다. "그 부분은 언급하지 말라는 변호사의 조언을 따르겠습니다." 맥과이어는 본인조차도 궁색하게 들리는 변명을 늘어놨고 청문회는 그렇게 끝났다.

결국 그날은 맥과이어 개인은 물론 미국인이 가장 좋아하는 스포츠인 야구계에도 기억하고 싶지 않은 끔찍한 날이 되었다. 미주리 주 고속도로 5마일에 걸쳐 붙여진 맥과이어라는 이름을 빼야 한다는 한 의원의 주장을 필두로 이 사건의 파장은 일파만파

---

* 1996~2001년까지 '미국의 가장 혁신적인 회사'로 불렸으나 분식회계와 각종 부정행위로 2001년에 파산했다.

퍼졌다. 맥과이어는 그날 협상에서 쓰라린 패배를 맛보았고 아직도 이를 극복하지 못하고 있다.

그는 이렇게 말할 수도 있었다. "저는 경기력 향상제를 복용했습니다. 그건 하지 말아야 할 행동이었습니다." 그런 다음 이런 말을 덧붙였으면 어땠을까 하는 생각이 든다. "어린이 여러분, 제가 하지 말아야 할 행동을 했습니다. 여러분의 몸은 그 어떤 경기보다 훨씬 소중합니다. 여러분의 미래 또한 선수 생활보다 훨씬 중요하고요."

이랬더라면 맥과이어는 부정행위를 저지른 다른 선수들의 귀감이 됐을 수도 있었다. 그가 신기록을 작성해서가 아니다. 또, 신기록을 세우기 위해 속임수를 썼다는 사실을 인정해서도 아니다. 그저 대중들에게 유명 인사로서의 위치를 유지할 수 있는 협상을 잘 이끌어냈다면 그는 충분히 본보기가 될 수 있었다.

준비 과정에서 맥과이어와 변호사들은 자기들이 모든 사람이 지켜보는 공개적인 협상에 참여한다는 사실을 잊었다. 그의 명성과 대중에게 전달되는 이미지, 그의 서명이 들어간 야구카드의 가치 등이 그날 청문회를 어떻게 이끄느냐에 달려 있었다는 사실을 망각했다고 볼 수 있다.

이런 엄청난 규모의 대중 협상은 대개 위기 상황에서 일어나는 경우가 많다. 위기가 한창일 때는 눈앞의 문제를 해결하는 데만 급급해하지 말고 자신의 말과 행동이 미칠 장기적인 영향을 고려해야 한다. 대중과 만나는 무대는 일반 사람들이 접하는 일상

생활의 무대보다 훨씬 더 크다. 영향을 미칠 가능성이 아무리 희박하다도 해도 대중의 눈높이에 맞춰 협상할 수밖에 없다는 사실을 명심해야 한다.

대중과 협상할 때 지켜야 할 것들

설득할 대상을 고려할 때는 먼저 특정 집단이 처한 특수한 상황과 규모에 초점을 맞춰야 한다. 상대가 개인이나 기업일 때 유념해야 할 관계 요소나 형태에 대해서는 이 책에서 이미 수차례 언급했다. 그렇지만 개인이나 기업이 아닌 경우는 어떨까? 대상이 일반 대중이라면 어떻게 해야 할까?

스포츠 세계에서 많이 발생하기는 하지만 대중을 대상으로 하는 협상은 다른 분야에서도 얼마든지 찾아볼 수 있다. 1982년 독극물이 든 타이레놀을 먹고 일곱 명이 사망했던 '타이레놀 살인 사건'을 떠올려보자. 이 사건이 일어나고 나서 존슨앤드존슨은 어떻게 다시 대중들이 안심하면서 타이레놀을 구입할 수 있도록 했을까? 존슨앤드존슨은 먼저 1억 달러라는 비용을 감수하며 타이레놀을 전량 회수했다. 그다음에는 제품 용기에 안전장치를 강화해 이를 대중에게 알렸다. 이처럼 발 빠른 대응으로 존슨앤드존슨은 여론을 잠재웠다.

타이레놀 사건이 전하는 교훈은 바로 여기에 있다. 자신에 대해, 혹은 자신의 회사에 대해 부정적인 이야기가 나오는 상황에서 명예를 되찾으려면 신속하게, 그리고 성심껏 대응해야 한다. 이와 관련해 주요한 시사점을 던져주는 스포츠계의 사례로는 마크 맥과이어, 코비 브라이언트Kobe Bryant, 마이클 빅, 매리언 존스Marion Jones가 연루된 네 가지 사건을 들 수 있다.

1998년 메이저리그는 경기 취소 상태를 불러일으킨 적대적이고 해묵은 노사 분쟁이 끝나자 팬들을 경기장으로 끌어모을 묘안이 필요했다. 프로야구계를 위해서는 매우 중대한 시기였다. 행운의 손길이 필요하던 순간 때마침 구원의 손길을 보낸 이들이 있었다. 바로 세인트루이스 카디널스St. Louis Cardinals의 덩치 큰 빨강머리 마크 맥과이어와, 시카고 컵스Chicago Cubs 소속으로 관중석을 향해 손가락 두 개로 손 키스를 보내는 제스처로 유명한 도미니카 출신의 새미 소사였다.

아무도 예상치 못했던 이 두 명의 구세주는 로저 매리스Roger Maris가 세운 단일 시즌 최다 홈런 기록 61개*를 넘어서기 위해 경쟁을 벌이면서, 침체에 빠졌던 야구장을 후끈 달아오르게 했다. 맥과이어는 홈런 70개로 기록을 갈아치우며(비록 지금은 깨졌지만 여전히 대단한 수치다) 승리를 거머쥐었다. 그러나 팬들의 사랑을 되찾아 호기를 맞던 야구계는 또다시 복병을 만났다. 홈런 경쟁 바람을 일으킨 선수가 사실은 엄청난 문제점을 안고 있다는 사실, 그리고

---

* 1961년 로저 매리스는 61개의 홈런으로 베이브 루스가 1927년에 기록한 한 시즌 홈런 기록(60개)을 37년 만에 깼다.

한때 메이저리그 홈런왕이었던 마크 맥과이어가
2005년 법정에서 증언하는 모습

대중의 심리를 파악하라

대중을 대상으로 벌인 협상에서 실패하리라는 사실을 몰랐던 것이다.

그로부터 7년 후 미국 하원 정부개혁상임위원회에서 증언하던 날, 현역에서 활약하고 있던 새미 소사는 여전히 쌩쌩해 보였지만 이미 은퇴한 맥과이어는 머리가 벗겨지고 예전에 비해 훨씬 마른 모습이었다. 성 패트릭 데이*에 맞춰 초록색 넥타이를 매고 나타난 그에게서 더 이상 홈런왕 '빅 맥Big Mac'의 모습은 찾아볼 수 없었다.

초미의 관심사였던 홈런 경쟁 때처럼 두 사람의 태도 또한 달랐다. 소사와 또 다른 선수 라파엘 팔메이로Rafael Palmeiro는 스테로이드 복용을 부인한 반면, 맥과이어는 줄곧 묵비권을 행사하며 질문에 대답하지 않았다. 여섯 살 때 마이애미로 온 쿠바 이주민 출신인 팔메이로는 이렇게 말했다. "저는 결코 스테로이드를 사용해본 적이 없습니다. '결코'라는 단어보다 더 적당한 말을 찾을 수 없을 만큼 결백합니다." 소사나 팔메이로의 강력한 부인에 비하면 맥과이어의 애매한 대답은 죄를 암묵적으로 시인한 것처럼 보였다.

물론 그때는 팔메이로가 스테로이드 양성반응을 보였다는 사실을 아무도 몰랐으며(아직도 결과는 확실히 드러나지 않았다), 소사가 지난

---

* 3월 17일. 아일랜드에 최초로 기독교를 전파한 성 패트릭을 기념하는 날로, 초록색과 네잎 클로버가 이날의 상징이다.

시즌 때 코르크를 넣은 배트로 부당하게 타율을 올린 사실에 대해서는 모두가 까맣게 잊은 듯했다. 사실 팔메이로에 대해서는 그가 그처럼 확신에 차서 얘기할 때 알아챘어야 했다. 그는 마치 카메라를 똑바로 쳐다보며 "그 여성과 성관계를 갖지 않았다"고 부정하던 빌 클린턴 대통령, 그리고 "세금 인상은 없다"고 약속했던 조지 부시 대통령처럼 확신에 찬 모습을 하고 있었다.

이 전직 대통령들처럼 맥과이어도 한때는 국민적 영웅이었다가 많은 사람들에게 실망을 안겨주고 말았다. 그때 청문회에 출석했던 선수들 중에서 아직까지도 늪에서 빠져나올 길을 찾기 위해 고전하는 사람은 맥과이어밖에 없다.

정직한 사과

"저는 그녀의 의지에 반하는 행동을 강요한 적이 없습니다." 대중의 기대를 저버리는 행동을 한 후에 인기 회복을 위해 정직하고 직접적이면서 정확하고 즉각적으로 사과하는 일이 쉽지만은 않다. 프로농구 선수 코비 브라이언트는 사과라기보다는 변명에 가까운 말로 발표를 시작했지만 이내 적절한 말로 옳은 길을 찾아갔다.

"지금 여러분 앞에 앉아 있는 저는 간통이라는 큰 실수를 저지른 제 자신에게 분노하고 혐오감을 느낍니다. 저는 진심으로 제 아내를 사랑합니다." 그러고는 몸을 돌려 아내 바네사를 바라보며 말했다. "당신은 내게 축복이야. 내 마음의 반쪽이자 나를 숨 쉬 게 하는 공기와도 같아. 내가 아는 가장 강인한 사람이기도 해. 당 신과 우리 가족에게 이런 아픔을 안겨줘서 정말 미안해." 브라이 언트가 콜로라도 베일에 있는 한 호텔 종업원을 강간한 혐의로 고 소된 후 즉각적으로 발표한 내용이다.

부정행위가 심각하지 않은 수준이고, 여기에 재빠르고 분명한 사과가 뒤따르면 사람들은 웬만하면 눈을 감아준다. 여기서 핵심 어는 "제 잘못입니다"이다. 그러면 사람들은 아무 일도 없었던 것 처럼 넘어가주기도 한다. 적어도 넘어가줄 가능성이 크다.

반대로 "그 여성과 성관계를 한 적이 없습니다"라는 변명을 들 으면 대중은 반감을 느낀다. 투견 혐의로 소송에 오른 마이클 빅 이 대표적인 사례다. 그가 스스로 3주나 일찍 복역하겠다고 한 것 도 이런 대중의 시선이 두려워서였을 것이다. "판사 위에 대중이 있다"는 컬럼비아대학 법학교수 대니얼 리치먼Daniel Richman의 말에 고개를 끄덕일 만하다.

큰 실수 없이 대중의 사랑을 받던 브라이언트나 맥과이어와는 달리, 마이클 빅은 선수 생활이 평탄치 않았다. 운동선수로서 재 능은 남보다 뛰어났지만 이런저런 말썽을 일으키다 결국 투견 불 법도박에까지 연루되었다. 빅이 운동에만 전념했거나 옆에서 잡 아주는 사람이 있었다면 그가 속한 애틀랜타 팰컨스Atlanta Falcons를 대적할 NFL 팀은 아마도 없었을 것이다. 하지만 야심찬 신임 감 독을 영입하면서 놀라운 능력 발휘를 기대했던 2007시즌은 대형

악재로 끝을 맺었다. 결과적으로 두 사람의 조합은 팀의 열망을 실현시키지 못했을 뿐 아니라 끝없는 추락이라는 결과를 낳았기 때문이다.

처음에는 슈퍼스타 빅의 사유지에서 투견이 벌어졌다고만 보도되었다. 하지만 그리 간단하게 끝날 문제가 아니었다. 그전에 공항에서 마리화나를 소지했다가 적발된 사건이나 팬들에게 손가락 욕을 한 전력도 있었지만 이번 투견 혐의는 그와는 수준이 다른 문제였다. 먼저 나서서 사과할 기회가 여러 번 있었지만 변명으로 일관하던 빅은 유죄를 입증하는 증거들이 속속 드러나자 비로소 투견과 관련해 자기가 저지른 일에 대해 사과했다.

어차피 불법행위는 변명의 여지가 없지만, 좀 더 일찍 사과했더라면 소송과 관련된 많은 사람들의 마음과 추후 결과에 그나마 긍정적인 영향을 주었을지도 모른다. NFL 사무국과 나눈 개별 면담에서도 빅은 거짓말을 한 게 분명해 보였다. 결과적으로 이런저런 잘못된 행동이 겹치고 겹쳐 빅은 출장정지 징계는 물론 실형을 살아야 했다.

유달리 운동선수들은 사실을 부인하는 일에 고집스러운 면이 있다. 메이저리그 최다 홈런왕 배리 본즈가 줄곧 약물 복용 혐의를 부인했던 일화는 유명하다. 혐의가 짙었음에도 본즈는 어떤 경기력 향상제도 복용하지 않았다고 계속 주장했다. 끈질긴 부인은 그렇다 치고 강력한 부인에 대해 얘기하자면 본즈도 사이클 선수인 플로이드 랜디스Floyd Landis를 따라가지는 못한다. "저는 테스토스테론을 포함한 어떤 금지 약물도 복용해본 적이 없습니다." 2006년 투르 드 프랑스에서 우승한 뒤 랜디스가 강력히 주장한 말이다. "저는 이 대회에서 가장 강한 선수였으며, 챔피언이 될 자격이 충분합니다."

인정하지 않는다는 자체가 문제를 야기한다. 게다가 공개 발표까지 했다면 더더욱 골칫거리가 될 수 있다. "제 경기와 훈련의 원동력인 결단력과 강렬함을 무기로 저를 둘러싼 혐의들과 맞서 싸우겠습니다. 오명을 씻고 애써 이룬 것들을 다시 찾는 일이 현재 제 목표입니다." 랜디스가 이토록 강력히 반박했건만, 결국에는 꼼짝 못할 증거가 나타나면서 그동안 그가 고수했던 격렬한 부인은 부메랑이 되어 돌아왔다.

코비 브라이언트처럼 사건 이후에도 경기에 계속 출장한다면 분위기를 역전시키기가 쉽다. 하지만 빅은 수감되는 고통을 겪었다. 감옥에 있는 동안 그는 경기를 뛸 수 없었고 오명을 떨쳐내고 재기할 기회도 사라져버렸다. 비즈니스의 경우라면 회사가 잘못을 저질렀어도 솔직히 사과하면 사업을 계속 유지해나갈 기회를 얻을 수 있다. 직장 동료나 가족 구성원도 마찬가지다. 여기서 얻을 수 있는 교훈은 잘못을 저지른 후에는 빨리 사과해야 효과가 있다는 것이다. 그래야만 앞으로 나아갈 수 있다.

전 올림픽 육상 스타 매리언 존스도 경기력 향상제 사용을 내내 부인했다. 그녀가 약물 조사를 철저히 받게 된 이유는 경기력이 향상돼서라기보다 그녀의 주변 남자들을 둘러싼 부정적인 소문 때문이었다. 첫 번째 남편은 시드니올림픽에 참가했던 투포환 선수 C. J. 헌터C. J. Hunter다. 두 번째 남편은 단거리 육상 선수인 팀 몽고메리Tim Montgomery로, 존스와의 사이에 몬티라는 아들을 두고 있다. 이 두 남자 모두 경기력 향상제를 복용했다는 사실이 발각되자 존스도 결국에는 연방검사에게 약물 복용 사실을 인정하고는 6개월 동안 감옥살이를 했다.

"저를 믿어준 여러분 앞에서 그 믿음을 저버렸다고 고백하려니 한없이 부끄럽습니다." 존스는 말했다. "저는 정직하지 못했고, 여러분이 제게 화를 내시는 건 당연합니다. 부디 제 행동을 용서해주시길 간곡히 부탁드립니다." 이런 사과가 아마도 나중에는 명예 회복에 도움을 주겠지만 예전 명성을 되찾기에는 너무 늦게 나왔다. 좀 더 일찍 시인하고 사과했더라면 최소한의 명예를 지키고 회복이 가능했을지도 모를 일이었다. 하지만 수년 동안 약물 복용을 부인해오다가 검찰의 협박에 못 이겨 나온 사과는 효력이 반감되기 마련이다. 그나마 존스가 올림픽에서 획득한 메달들을 반납한 행동은 잘한 일이었다.

수많은 사례에서 보듯이, 규정 위반이나 범죄 사실을 무작정 부인하다가는 가장 무거운 처벌을 받게 된다. 애초에 거짓말을 하지 않았으면 받지 않아도 될 처벌이다. 스포츠 세계에서 이런 속임수를 쓰다가 적발된 선수들은 더 무거운 처벌을 받을 뿐 아니라 여론에 의해 수입이 줄어들 수밖에 없다. 사실 이런 기본 전제는 모두에게 적용된다. 즉, 부정적인 문제들을 드러내서 밝히고 다시 앞으로 나아가는 순간이 빠르면 빠를수록 형편은 더 나아지고 어떤 관계에서든 회복될 가능성이 높아진다.

적절한 타이밍에 고백하라

나쁜 소식은 시간이 해결해주지 않는다. 안 좋은 이야기를 솔직히 털어놓거나, 적어도 자기 입으로 해명하는 시기가 빠를수록 평판이 뜻하지 않은 방향으로 악화될 가능성이 줄어든다. 7장의 차이나타운 사례에서도 알 수 있듯이, 자신이 원하는 방향으로 얘기가 전달될 수 있도록 뉴스를 만드는 것이 핵심이다. 만일 불리한 이야기를 속이거나 전달할 타이밍을 놓친다면 결국 일을 그르치게 된다. 타이레놀 살인 사건처럼 부정적인 일이 벌어진다면 구제 및 개선 조치까지도 명확하게 제시해야만 한다.

야구계의 스테로이드 복용을 폭로한 「미첼 보고서Mitchell Report」

---

* 미국 전 상원의원 조지 J. 미첼이 20개월에 걸쳐 조사, 작성한 메이저리그 야구 선수들의 스테로이드 복용에 대한 보고서.

*가 발표되던 2007년 초반에는 혐의를 받은 선수들을 위한 지침서가 존재했다. 이는 대외적 이미지를 회복하고 싶은 선수들을 위한 일종의 가르침 같은 것으로서 죄가 있는 경우 일단 인정하고 사과해야 한다는 내용이다. "저는 몰랐습니다"라는 해명은 정말로 몰랐을 경우라 할지라도 효과가 없음이 자명해지고 있다.

사이영 상Cy Young Award*을 여러 차례 수상한 투수 로저 클레멘스Roger Clemens와 그의 팀 동료이자 훈련 파트너인 앤디 페티트Andy Pettitte는 서로 다른 방식을 택했다(물론 관련 정도가 다르기 때문일 수도 있다). 페티트는 성장호르몬을 사용했다고 혐의를 시인하고 용서를 구한 반면, 클레멘스는 강력히 부인했다. 약물 사건과 관련해 이제 페티트의 이름은 거의 거론되지 않지만 클레멘스는 아직도 사람들의 비난을 받으며 여론 법정에서 부정적인 이미지를 벗지 못하고 있다.

긍정적인 메시지는 대중을 끌어당긴다

나쁜 소식만 세간의 주목을 받는 것은 아니다. 5장에서 이야기한 베컴의 협상 사례는 특히 협상이 공개 조사를 앞두고 있을 때 대중에 대해 생각해야봐야 할 마지막 핵심 요점이 무엇인지 알려준다.

---

* 메이저리그에서 22년 동안 활약한 투수 사이 영을 기념하여 그해의 최우수 투수에게 주는 상이다.

베컴과 미국프로축구리그MLS의 계약은 엄청난 홍보 효과를 불러왔다. 축구에 대한 미국인의 관심을 모으고 축구리그를 활성화하는 데 장기간 도움을 주었다. 베컴의 미국 입성은 1975년에 펠레가 예전 북미축구리그NASL의 뉴욕 코스모스로 이적했던 경우와 유사하다. 이때도 펠레의 미국 입성이 리그의 힘과 목표를 대중에게 보여주는 메시지 역할을 했다. 비록 1984년에 리그가 막을 내리긴 했지만 펠레의 활약은 뉴욕에서 수많은 역사적인 순간들과 유익한 결과를 낳았다.

펠레와의 협상은 팀이 '우리를 지지해주십시오', '우리는 잘합니다', '늘 이곳에 있을 겁니다' 같은 메시지를 보내며 관객들에게 손짓하는 효과를 낳았다. 거래를 성사시키고 핵심 인재를 고용하고 유리한 자금을 조달하는 일반 기업들도 이와 다르지 않다. 기업이 보내야 하는 메시지는 무엇일까? '우리는 이곳에 영원히 뿌리를 내리고 정착할 것이다. 우리는 강하다'라는 메시지를 전해야 한다.

협상은 탁자를 사이에 둔 상대하고만 이루어지는 게 아니라는 사실을 잊지 말아야 한다. 자신이 원하는 청중이 어떤 사람들인지, 그 청중들과 관련된 규모와 특수한 상황이 무엇인지 먼저 파악하는 게 중요하다. 전하고자 하는 바를 신중하게 다듬고 또 다듬어라. 폭넓은 청중과의 협상은 그 어느 때보다 힘들 수 있다. 이런 준비는 사업에서뿐 아니라 인간관계에서도 적용된다. 당신의 이야기를 들어주는 사람들의 마음을 잘 생각해보라.

• 협상의 달인으로 거듭나기 위한 지침

1. 당신이 지금 설득하고 있거나 설득하고자 하는 대상의 규모
   와 특징을 파악하라.
2. 간단명료하게 진심을 담아 신속히 사과하라.
3. 대중은 당신보다 똑똑하다는 점을 명심하라.
4. 모든 일을 털어놓은 다음 넘어가라.
5. 자신의 요구에 기여할 수 있는 긍정적인 진술을 시기에 맞춰
   하고, 가능하면 일찌감치 발표하라.
6. 더 이상 문제를 일으키지 마라.

Negotiate Like the Pros

9.

프로처럼 협상하라

최선을 다해 우리 방식대로 경기에 임하면
상대가 어떻게 나오든 이길 수 있다. 우리가 상대에게
맞추기보다는 상대가 우리에게 맞추게 하라.

- 존 우든 -

프로처럼 협상하라

최선을 다해 우리 방식대로 경기에 임하면
상대가 어떻게 나오든 이길 수 있다. 우리가 상대에게
맞추기보다는 상대가 우리에게 맞추게 하라.

－ 존 우든 －

각 협상마다 승리의 의미는 분명 다르다. 목표했던 결과를 얻으려면 협상 초반부터 꼼꼼하게 준비하면서 이제까지 체득한 모든 기술을 총동원해야 한다.

몇 년 전 와튼 경영대학원에서 NBA 커미셔너 데이비드 스턴을 초청해 강연을 들을 기회가 있었다. 그는 협상 관련 수업을 받는 학생들에게 자신의 협상 경험을 들려주었다. 연설이 끝난 직후 이어진 질의응답 시간에 한 여학생이 물었다. "협상할 때 여성이 눈물을 이용하는 것은 나쁜 건가요?" 그러자 스턴은 이렇게 대답했다. "할 수만 있으면 저도 그렇게 할 겁니다." 그렇다. 합법적인 방법이라면 무엇이든 마음껏 활용해도 괜찮다.

어떻게 하면 여러 요소들을 모두 접목시킬 수 있을까? 와튼 경영대학원 동료인 키스 웨이겔트Keith Weigelt는 도교 신자다. 그는 스포츠를 좋아해서 수년간 운동선수들과 함께 일해왔다. 나는 그가 NFL 선수들과 전술과 협상에 대해 인터뷰를 할 수 있도록 다리를 놓아주었다. 그는 선수들에게 미야모토 무사시가 쓴 『오륜서 伍輪書』라는 병법서를 추천했는데, 1645년에 세상에 나온 이 고전은 현대 경영에도 적용이 가능하다. 웨이겔트가 운동과 경영에 접목시킨 도교 철학의 핵심 포인트는 평정심을 유지하라는 것이다. 실전처럼 훈련할 수만 있다면 마법처럼 승리가 다가온다. 즉, 실전과 같은 강도로 연습하고, 연습할 때와 같은 마음가짐으로 실전에 임하는 것이 핵심이다.

아무도 없는 체육관에서 자유투를 성공시킬 때처럼 세계 선수권대회 결승전을 보러 온 수많은 관중 앞에서도 똑같이 자유투를 성공시킬 수 있는가? 많은 사람들이 골프 연습장에서는 시원시원하게 공을 쳐댄다. 하지만 그 실력을 필드 위에서도 그대로 발휘하는 사람이 몇이나 될까? 실제로 그럴 수 있는 사람은 많지 않다. 관건은 준비가 되어 있어야 한다는 점이다. 최선을 다해 철저하게 '연습'하라.

"나는 상대가 어떻게 할지 걱정되지 않습니다. 우리 스스로 어떻게 경기를 풀어갈지가 걱정될 뿐이라고 선수들에게 누차 강조합니다." 존 우든은 현역 감독 시절을 떠올리며 말했다. "모든 선수가 각자 최선을 다해 경기를 준비하고, 경기가 끝난 후 스스로 최선을 다했다고 인정할 수만 있다면 모든 게 다 잘될 거라고 말해주죠."

이 책에서 지금껏 설명했던 내용을 받아들이고 이해했다면 당신은 이제 예전보다는 훨씬 더 나은 협상가가 되어 있을 것이다. 이해한 내용을 적용할 수 있다면 금상첨화다. 충실한 연습만이 최고의 협상가가 되는 지름길이다. 우든 감독이 말한 것처럼, 당신이 최선을 다해 할 수 있는 일은 무엇인가? 전미대학농구선수권대회 10차례 우승에 빛나는 감독의 말이니만큼 충분히 믿을 만하지 않은가?

팻 서미트 감독은 우든보다 한 발 더 나아갔다. "아무리 계획을 잘 세워도 잘 통하지 않을 때가 있고, 계획을 하나도 안 짰는데 일이 술술 풀릴 때도 있어요. 사실 계획도 절반만 세우고 성공도 절반만 거두는 게 대부분이죠. 하지만 이따금씩 근사한 계획이 완벽한 성공을 부르기도 해요. 그런 경우에는 행운이나 요행으로 치부하지 않아요. 스스로 돌아보며 좋은 결과를 불러온 요인을 찾게 된답니다."

물론 철저히 준비하거나 계획하지 않았는데도 성공해본 경험은 누구에게나 있다. 그러나 계획은 없는 것보다는 있는 편이 성공 확률이 높다. 이 책에 나온 기술과 전략들을 포함한 그런 계획 말이다. 계획이 들어맞는다면 그 경험을 통해 배워라. 다시 성공하

전 테네시대학 여자농구팀 감독 팻 서미트

프로처럼 협상하라

기 위한 발판으로 삼아라. 계획이 잘 들어맞지 않는 경우에도 역시 그 경험을 통해 배워라. 그리고 똑같은 실수를 저지르지 않도록 하라.

그렇다면 어느 선까지 해야 할까? 부모 세대에게서 숱하게 들어온 말이겠지만, '최선'을 다하면 된다. 이 책에 나와 있는 모든 요소와 원리를 총동원하는 순간 자신이 최선을 다하고 있음을 알게 될 것이다. 완벽한 준비를 갖추면 걷는 사람이 뛰는 사람으로, 뛰는 사람이 나는 사람으로 변모한다. 완벽하게 준비하지 않은 사람은 최선을 다한 사람이 아니다.

올바르게 준비했지만 거래가 잘 이루어지지 않는 경우도 가끔 발생한다. 최선이 아니거나 불리한 선택만이 남아 있을 때도 있다. 그런 상황에 놓이면 옳은 결정을 할 수 있을까? 아예 거래 자체를 하지 않는 게 옳을 때도 있다. 하지만 제대로 준비를 해둔다면 이런 순간을 분간할 수 있다. 미리 철저하게 계획했기에 멈춰야 할 때를 알고 빠져나올 수 있는 것이다.

나는 고객에게 최고의 협상가를 고르거나 어떤 사람을 선택할지에 대해 몇 번 조언해준 적이 있다. 몇 년 전 유명한 미식축구 선수인 켈렌 윈슬로 2세Kellen Winslow II가 내 고객이 되었을 때였다. "켄, 자네가 내 아들을 대변해줬으면 하네." 오랜 친구이자 사업 파트너인 켈렌 윈슬로의 아버지로부터 이 제안을 받았을 때 나는 뛸 듯이 기뻤다. 켈렌은 부모와 상의한 후 마이애미대학 미식축구 팀에서 나와 NFL 드래프트에 뛰어들기로 결정한 상태였다.

하지만 나는 와튼 경영대학원의 사무실에 앉아 필라델피아 서부 전경을 내려다보며 이렇게 대답했다. "자네의 제안은 눈물 나게 고맙지만 여러 이유로 그 일을 맡을 수 없겠네."

친구의 아들을 맡을 수 없었던 가장 큰 이유는 내가 오랫동안 NFL 선수협회에 공식 에이전트로 등록되어 있지 않았기 때문이었다. 게다가 NFL 연봉 협상은 내 전문 분야가 아니라는 점 또한 무시할 수 없었다. 사실 켈렌에게 연봉 협상 문제는 그다지 큰 걸림돌이 되지 않았다. 켈렌이 선수 드래프트에서 상위 10위권 안에 들었기 때문이다.

"정말 미안하네." 나는 말을 이었다. "그렇지만 내가 도울 일이 있으면 무엇이든 말하게나."

며칠 후 켈렌의 아버지는 내게 다시 전화를 걸어 아들의 에이 전트를 선택하는 데 조언을 해달라고 부탁했다. 에이전트 선정 과정은 경쟁이 매우 치열했다. 에이전트들은 실력 있는 대학생 선수들을 드래프트에 참가시켜 성사된 연봉의 3퍼센트 정도에 해당하는 수수료를 받기 위해 사활을 건다. 선수들을 설득하는 과정에서 일부는 매춘이나 마약같이 불법적인 유인책을 사용하거나 뇌물 제공 등 눈살을 찌푸리게 하는 행태를 보이기도 한다. 켈렌의 아버지 또한 직접 선수와 에이전트 경험을 거쳤었기에 이런 어두운 단면을 누구보다도 잘 알고 있었다. 그런 이유로 최대한 자기 아들을 보호하고 싶어 했다.

그는 일단 소수의 에이전트들을 추린 다음 마이애미로 불러 인터뷰를 할 계획이었다. 그 인터뷰에는 자신과 켈렌, 재정 고문 피트 쇼, 켈렌의 절친한 친구 크리스, 내가 참여하기로 했다. 다른 사람도 아닌 최고의 협상가를 찾는 과정이었기에 인터뷰는 매우 흥미진진하게 진행되었다. 나는 무엇보다 에이전트들이 얼마나 잘 준비되어 있는지에 대해 관심을 가지고 들었다. 모두들 성공한 전력이 있는 에이전트들이었다. 또한 나는 아직 계약도 하지 않은 상태지만 켈렌의 협상을 위해 얼마나 철저히 준비했는가를 유심히 살폈다.

선정 과정에서 협상 계약 자체는 내게 중요한 문제가 아니었다. 그보다는 면접 대상자가 심사위원단과의 인터뷰 준비를 얼마나 잘했는가, 준비한 바를 효과적으로 보여주었는가, 이 상황을 얼마나 진지하게 받아들이고 있는가, 면접장에 들어옴과 동시에 협상에 돌입했다는 사실을 인식하는가가 중요했다.

나는 인터뷰에 응한 모든 에이전트에게 다음과 같은 질문을 던졌다. "당신의 수수료를 깎을 생각은 없나요?" 역시 에이전트들의 대답 자체가 그리 중요한 것은 아니었다. 얼마나 철저히 준비하고 왔는지를 보여주는 게 더 중요했다. 이 모든 과정이 심사위원들과의 거대한 협상이나 마찬가지이기 때문이다. 이렇게 경쟁이 치열한 자리에 올 때는 면접관들에게 돈이 주요 관심사 중 하나가 될 거라는 점을 고려했어야 했다. 지금 제대로 준비된 모습을 보여주지 못하는 사람이라면 나중에 정말 중요한 협상 자리에서도 철저히 준비된 모습을 보여줄 수 없다고 생각했다. 결과적으로 켈렌은 자신이 가장 편하게 생각하는 사람을 에이전트로 선택했고, 최종적으로는 전체 6순위로 클리블랜드 브라운스Cleveland Browns 에 드래프트됐다.

이 책이 제시하는 협상의 가장 중요한 교훈은 알렉스 로드리게스가 취했던 방법에서 배울 수 있다. 바로 주변에 도움을 요청하는 것이다. 사람들은 서로 다른 경험과 자기만의 교섭 스타일 때문에 각자 특정 접근 방식만을 고집한다. 늘 편하게 하던 방식에서 벗어나거나 익숙하지 않은 방법을 계획하는 일을 쉽게 받아들이는 사람은 없다. 하지만 조언을 구할 대상이 있다면 주저 말고 요청해야 한다. 1장에서 소개했듯이 미국에서 손꼽히는 부자인 밥 존슨도 다른 사람에게 도움을 요청했다. 결국 조언을 구할지 말지는 당신의 결정에 달렸다. 협상에 나쁜 영향을 미치지 않는 한에서 조언을 많이 받아들일수록 승산은 높아진다.

밥 존슨 외에 미국에서 가장 부유한 또 한 사람도 여덟 살 이후로 야구 팬이 되었다. 그는 오마하에서 기차를 타고 시카고까지 가서 시카고 컵스와 다저스가 19회까지 가는 대격전 끝에 9 대 9 동점을 기록하는 경기를 본 이후로 야구에 매료되었다. 하지만 그가 야구를 좋아한다는 점과 스포츠 팀 인수는 좋은 투자가 아니라는 말을 했다는 점을 제외하면, 스포츠 협상 전략을 다루는 이 책에서 그를 소개해야 할 이유를 찾기가 힘들다. 그럼에도 그를 소개하는 이유는 그가 모든 협상에 적용할 수 있는 중요한 교훈 한 가지를 전하고 있기 때문이다. "자신이 잘 알고 이해하는 부분에 투자하라."

이것은 주로 간결한 말로 깨우침을 주는 워런 버핏이 전하는 말이다. 이 말을 협상에 응용한다면 관계에 집중하라는 말로 해석할 수 있다. 어떤 협상에 관여하든지 인간 내면의 밑바닥까지 근접해봐야 한다. 자신이 무엇을 필요로 하는지, 그것이 왜 필요한지를 직접적으로 상대방에게 전달하라. 하지만 이런 소통이 이루어지기 전에 먼저 자신과 상대방 간에 적절한 관계가 성립되어 있다는 자신감이 바탕에 깔려 있어야 한다. 그런 다음에 다른 사람도 아닌 워런 버핏이 해준 조언을 기억하라. 가장 인간적이고 개인적인 차원에서 유대감을 갖는 것이 무엇보다 중요하다. 이는 설사 거래에 실패한다는 생각이 들더라도 성공적인 협상을 이끌어 낼 수 있는 가장 좋은 방법이다.

다른 사람에 비해 특별히 협상 기술이 뛰어난 사람은 분명 있다. 그러나 당신이 준비한 것을 다른 사람은 하지 못했을 수도 있다는 점을 기억하라. 앞서 언급했듯이 빌 월시 감독은 조 몬태나를 만나기 전까지는 그의 재능에 훨씬 못 미치는 평범한 쿼터백들을 철저히 준비시키고 그들에게 어울리는 전략을 사용해 스타로

키워냈다. 비록 한두 시즌에 불과했지만 버질 카터, 스티브 디버그, 잭 켐프Jack Kemp는 무명에서 최고의 자리까지 올라간 쿼터백들이다. 준비를 완벽하게 하고, 상대의 성향과 목표를 파악하고, 최악의 시나리오를 예상하는 등 올바른 순서를 갖춘 전략이 없었다면 그들은 결코 최고 수준에 도달하지 못했을 것이다.

협상을 추진할 때는 먼저 1장에 수록한 협상전략계획표 작성으로 일을 시작하도록 하자. 그러면 이 책에 등장한 이야기들이 안내하고 보여준 대로 당신에게 더 좋은 협상 성과가 돌아갈 것이라 믿는다.

협상의 달인으로 거듭나기 위한 지침

1. 열정을 기울여 준비하라.
2. 자신의 스타일을 고수하라.
3. 목표를 정하고 큰 뜻을 품어라.
4. 레버리지로 협상의 우위에 올라서라.
5. 인간관계와 이해관계에 집중하라.
6. 교섭 과정을 온전히 포용하라.
7. 다른 사람의 일을 처리하라.
8. 대중의 심리를 파악하라.
9. 프로처럼 협상하라.

Negotiate Like the Pros

부록

자신이 선호하는 협상 스타일을 알아보고 싶다면 다음 지시 사항을 따라 해보자.

1. 협상에서, 혹은 상대방과 의견이 일치하지 않는 상황이라는 가 정 하에 다음에 나오는 문장들을 읽으면서 너무 깊이 생각하 지 말고(그리고 한번 선택한 답은 변경하지 말고) **번호별로 한 문장만 선택** 하라. 설사 두 문장 다 정확하지 않거나, 정확하게 자신과 일치 한다고 해도 자신에게 더 어울린다고 생각되는 문장을 하나만 선택한다. 그리고 자신이 이런 행동을 하는 상황을 직장이나 가정에 국한하지 말고 일반적인 상황으로 간주하라. '동의해야 할 것 같은' 내용이 아니라 직감에 따라 자신을 더 정확하게 표 현한 내용을 골라야 한다. 일부 내용은 반복적이지만 그렇다고 일관된 답을 고를 필요는 없다. 그냥 계속해나가면 된다. 선택 한 모든 답은 다 '정확한' 답이다.

---

* 리처드 셸의 허락을 받아 『세상을 내 편으로 만드는 협상의 전략』의 부록 A를 인용했다.

2. 번호별로 한 문장을 선택한 후 자신이 선택한 A, B, C, D, E의 개수를 철자별로 모두 더한다. 총합을 계산해 적는다.

3. 2장으로 돌아가 자신의 점수와 그에 따르는 협상 유형에 대한 설명을 확인한다.

1단계: 유형 조사

1. E 나는 상대방과 관계를 유지하고 지키기 위해 열심히 노력한다.

   B 나는 근본적인 문제들을 알아내기 위해 노력한다.

   내 선택은 ____

2. D 나는 긴장된 상황을 진정시키고자 한다.

   A 나는 끈질긴 자세를 유지해 양보를 얻어낸다.

   내 선택은 ____

3. E 나는 상대방의 문제를 해결하는 데 초점을 맞춘다.

   D 나는 불필요한 갈등은 피하려고 노력한다.

   내 선택은 ____

4. C 나는 공평한 타협안을 찾는다.

   E 나는 관계 유지를 위해 열심히 노력한다.

   내 선택은 ____

5. C 나는 공평한 타협안을 제시한다.

   D 나는 개인적인 대립을 피한다.

   내 선택은 ＿＿

6. C 나는 서로의 입장에서 중간 지점을 추구한다.

   B 나는 의견 불일치의 근본 원인이 무엇인지를 찾는다.

   내 선택은 ＿＿

7. D 나는 많은 의견 차이를 전략적으로 해결한다.

   C 나는 협상에서 '서로 주고받기'를 기대한다.

   내 선택은 ＿＿

8. A 나는 내 목표를 분명하게 상대방에게 알린다.

   B 나는 상대방이 필요로 하는 것에 신경 쓴다.

   내 선택은 ＿＿

9. D 나는 다른 사람들과의 대립을 모면하는 게 좋다.

   A 나는 강력하게 의견을 제시해서 내 주장을 관철한다.

   내 선택은 ＿＿

10. C 나는 평소 절충할 의향이 있다.

　　A 나는 양보를 얻어내는 게 즐겁다.

　　내 선택은 ＿＿＿

11. B 나는 우리 사이에 있는 문제들을 솔직하게 밝힌다.

　　E 나는 최종 양보를 얻어내는 것보다 관계에 더 많이 신경

　　쓴다.

　　내 선택은 ＿＿＿

12. D 나는 불필요한 개인적인 갈등은 피하고자 한다.

　　C 나는 공평한 절충안을 구한다.

　　내 선택은 ＿＿＿

13. C 나는 상대방에게 양보하고 상대방도 어느 정도 양보해주

　　기를 바란다.

　　A 나는 협상을 통해 내 모든 목적을 달성하고자 노력한다.

　　내 선택은 ＿＿＿

14. A 나는 양보하기보다 양보를 얻어내는 게 즐겁다.

　　E 나는 관계를 유지하기 위해 노력한다.

　　내 선택은 ＿＿＿

15. E 나는 관계 유지를 위해 그들의 요구를 받아들인다.

   D 나는 할 수 있다면 다른 사람들과 대치하는 상황을 피

   한다.

   내 선택은 ____

16. E 나는 상대방의 요구를 해결해주고자 한다.

   A 나는 내 모든 목표를 달성하기 위해 열심히 한다.

   내 선택은 ____

17. A 나는 내 목표에 대해 분명하게 논의한다.

   D 나는 우리가 동의하는 부분에 대해 강조한다.

   내 선택은 ____

18. E 나는 관계를 지킨다.

   C 나는 양보를 하고 상대방도 내게 똑같이 해주기를 바란다.

   내 선택은 ____

19. B 나는 우리의 모든 차이점을 찾아서 의논한다.

   D 나는 갈등을 회피하고자 한다.

   내 선택은 ____

20. A 나는 내 몫의 양보를 얻어낸다.

    E 나는 관계를 유지하려 노력한다.

    내 선택은 ____

21. B 나는 우리의 모든 차이점을 찾아서 의논한다.

    C 나는 차이점을 메울 수도 있는 타협안을 찾는다.

    내 선택은 ____

22. E 나는 상대방과 좋은 관계를 형성한다.

    B 나는 두 사람 모두의 요구를 해결해주는 선택 조건을 전

    개시킨다.

    내 선택은 ____

23. C 나는 절충안을 찾는다.

    A 나는 협상에서 내 목표들을 달성하고자 힘쓴다.

    내 선택은 ____

24. B 나는 우리의 모든 차이점을 규명하고 해결책을 찾는다.

    D 나는 불필요한 갈등을 피하고자 한다.

    내 선택은 ____

25. E 나는 상대방과 관계를 유지하고자 노력한다.

   C 나는 공평한 타협안을 찾는다.

   내 선택은 ____

26. D 나는 우리가 동의하는 안건들을 강조한다.

   B 나는 우리가 의견을 달리하는 점들을 털어놓고 이야기
   한다.

   내 선택은 ____

27. A 나는 목표를 달성하기 위해 열심히 노력한다.

   B 나는 상대방의 요구에 관심을 기울인다.

   내 선택은 ____

28. C 나는 타당한 합의점을 찾는다.

   B 나는 근본적인 문제점들을 모두 찾아내려 한다.

   내 선택은 ____

29. D 나는 불필요한 다툼을 피한다.

   B 나는 상대의 문제점을 해결하는 데 집중한다.

   내 선택은 ____

30. A 나는 내 목표를 달성하고자 노력한다.

   B 나는 모든 사람의 요구를 해결하고자 한다.

   내 선택은 ____

2단계: 결과 기록

자신이 선택한 A, B, C, D, E의 개수를 철자별로 모두 더해서 아래 빈칸에 적는다. 각 철자별로 더한 수의 총합이 30이 되는지 확인한다.

As = ____

Bs = ____

Cs = ____

Ds = ____

Es = ____

합계 ____

자, 이제 2장으로 다시 돌아가라.

Negotiate Like the Pros

주석

주석

서문

6 "당신이 지금 어디로 가고 있는지 모른다면 결국에는 엉뚱한 곳에 다다를 것이다." (Horn, p. 11)

1장 열정을 기울여 준비하라

24 "준비하지 않는 것은 실패를 준비하는 것과 같다." (Wooden with Jamison, p. 58)

28 '카스트로와의 만남을 성공적으로 이끌기 위해서는 그가 대화를 독차지하는 사람이라는 점을 기억해야 함. 한두 시간을 넘기면서까지 자기 혼자만 말하는 적도 종종 있음.' (Ueberroth, p. 296)

39 "밥, 지금까지 했던 것처럼 계속 하면 돼. 시끄럽게 하지 말고 조용히 있게, 그리고 진득하게 계속하라고." (Benoliel and Cashdan, p. 124)

40 "일단 자신의 위치에 대해 분석을 끝내라. 그다음에는 맞은 편에 앉아서 완강한 태도로 당신을 상대할 사람의 위치에 대해 분석하라." (Falk. p. 341)

42 "여러분, 오늘은 신발과 양말을 제대로 신는 법에 대해서 알아보겠다." (Horowitz)

44 "그렇지 않으면 최선의 방법을 준비하는 데 있어 완벽을 기하지 못할 테니까요." (Wooden with Jamison, p. 61)

44 우든은 경기가 막바지로 치닫는 순간까지도 전혀 타임아웃을 요청하지 않음으로써 선수들에게 무한한 신뢰를 보냈다. (소니 바카로, 2008년 2월 15일 전화 인터뷰)

45 "나는 여러분이 모든 준비를 마치고 준비한 그대로 기량을 펼치는 한 상대방이 여러분보다 더 잘한다고 해도 전혀 문제될 게 없다고 믿는다." (Wooden with Jamison. p. 29)

45 "선수 대변하는 일을 아무리 오래했다고 해도 늘 준비를 철저히 한다." (Falk. p. 333)

46 "챔피언이 챔피언인 이유는 특별한 걸 잘해서가 아니라 평범한 걸 남들보다 잘하기 때문" (Dungy with Whitaker, p. 43)

46 "내가 원하는 건 성공이지, 평범함이 아니다. 그래서 나는 특출한 사람을 찾는다." (Dungy with Whitaker. p. 29)

47 "시카고 불스의 스티브 커Steve Kerr는 특출한 선수가 되기 위해 하루에 500개씩 자유투를 던졌다." (Dungy with Whitaker. p. 29)

50 "경기 막바지에 승리를 거머쥘 수 있는 모든 상황, 심지어 기

회가 단 한 번 남아 있는 절박한 상황"^(Rapaport, p. 110)

2장 자신의 스타일을 고수하라

3장 목표를 정하고 큰 뜻을 품어라

하나가 농구 올스타 선수인 앨런 아이버슨Allen Iverson이다.

(Larry Platt, *Only the Strong Survive: The Odyssey of Allen Iverson*, Haper Entertainment, New York, 2003. 추가 정보는 다음을 참고하라. Robert Cialdini)

89 "내가 정당하게 얻어야 한다고 생각하는 걸 얻을 수 없을 때 손을 뗄 수 있는 권한이 있다는 사실은 그 무엇보다 큰 힘을 준다." (토니 아그논, 2008년 3월 22일 전화 인터뷰)

90 "교착 상태는 부당한 거래에 대한 최상의 대안이다." (안 텔름, 2007년 11월 7일 와튼 경영대학원 필라델피아 캠퍼스 강연)

92 그의 소속팀 오릭스 블루웨이브Orix BlueWave도 이 점을 잘 알고 있었다. (Chass)

94 세이부가 받은 5,111만 달러는 구단의 1년 운영비 1,700만 달러를 훌쩍 넘어서는 액수였다. ("Bargaining at Fever Pitch", p. 5)

95 "매년 우리의 목표는 타이틀을 획득하는 것이다." (Summitt and Jenkins, p. xv)

95 사람들은 돈을 걸기 직전보다 돈을 건 직후에 자기가 선택한 말에 훨씬 큰 자신감을 보였다. (Cialdini, p. 69)

99 영화, 텔레비전, 신문, 잡지들은 양측의 언쟁, 담배 연기가 가득한 방, 새벽까지 이어지는 최종 담판 등의 모습만 다룬다. (Benjamin)

4장 레버리지로 협상의 우위에 올라서라

104 "이건 루디의 경기 출전을 위한 겁니다." *(Rudy*. TriStar Pictures, 1993)

104 "500만 달러 드리죠." 돈 킹Don King이 한탄하듯 내뱉었다. (자세한 내용은 다음을 참고하라. Newfield, p. 61)

106 "킹에게는 일생에 한 번 올까 말까 한 기회였습니다."
(Newfield, p. 56)

117 "금메달, 멋지지. 하지만 금메달을 따지 못했다고 부족함을 느끼는 사람은 금메달을 따도 만족하지 못하지." *(Cool Running*. Disney, 1993)

117 "자기 선수에게 관심을 갖는 팀이 있다고 아무리 말해봐야 그의 말을 믿는 단장은 아무도 없습니다." (Benoliel and Cashdan, p. 117)

117 그가 만든 12가지 필수 규칙 중 하나는 상대방으로 하여금 자기에게 대안이 있다고 믿게끔 만들라는 것이다. (Steinberg and D'Orso, p. 225)

118 "진실한 태도를 유지해야죠." (자레드 바티, 2008년 3월 22일 전화 통화에서)

120 "저도 이상한 놈이 되기는 싫지만…." (Callahan)

123 "오늘 결정을 내리지 않으면 시즌이 끝날 때까지 다시 만날 일은 없을 겁니다." (스탠리 킹, 2008년 2월 15일 전화 통화에서)

126 "그들이 왜 가능성에 관심을 가질까?" (필 드 피치오토, 2008년 4월 22일 전화 통화에서)

126 "알이 그냥 '여러분, 로젠블룸 씨와 똑같은 판단을 바랍니다' 라고만 하면 돼." (Harris, p. 431)

5장 인간관계와 이해관계에 집중하라

132 "배울 점이 많고 우승하는 법을 아는 레이서들이 많은 팀에 들어가게 돼서 무척 기쁩니다." ("Danica to Stay in IRL But Switch to Andretti Green Racing")

132 "다음 질문?" (Smith)

139 "미국에서는 '자, 협상을 시작해봅시다'라는 식으로 비즈니스를 합니다." (Ming and Bucher. p. 101)

142 "일본에서 전화가 와서 받았더니 다짜고짜 마쓰이가 누군지 아느냐고 묻더군요." (안 텔름의 강연)

145 "양키스 구단과 대화를 하게. 에이전트 없이." (Kelly and Cimilluca. p. 1)

147 그런데 그러지 않았다. 그는 펭귄스 구단이 그 돈으로 젊고 능력 있는 선수들을 많이 불러들여서 강한 팀이 되기를 원했다. (Molinary)

149 "저는 인디 카에서 우승하고 싶습니다." ("Danica to Stay in IRL But Switch to Andretti Green Racing")

151 베컴은 자신이 원하는 것을 들어줄 수 있는 곳을 마음에 두었다. ("David Beckham's Potential U.S. Move Could Give MLS Glitz")

151 "어쩌면 기회가 있을지도 몰라."("Selig Gives Blessing to Mega-Merger")

6장 교섭 과정을 온전히 포용하라

160 "경기 시작을 알리는 심판은 언제나 '플레이 볼!'을 외친다. '워크 볼!'이라고 외치는 심판은 단 한 번도 본 적이 없다." (Dungy and Whitaker, p. 49)

160 "큰 거래를 할 때는 먼저 상대방을 직접 만나보는 것을 좋아합니다."(드 피치오토와의 인터뷰)

161 "당신이 전문가시죠. 이 분야에 대해 잘 알고 있고요."(Shapiro and Jankowski, p. 147)

163 "자신이 원하는 최종 목적지를 알기 위해 준비하는 것은 쉽다. 하지만 거기까지 가기 위한 준비는 어렵다. 바로 그 준비가 더 중요하고 힘든 부분이다."(드 피치오토와의 인터뷰)

165 "무엇보다도 무패의 경험…."(Summitt and Jenkins, p. xv)

170 "예전에 어퍼덱컴퍼니Upper Deck Company에서 일할 때 유명 선수를 대변하던 에이전트와 로열티 문제로 협상을 벌인 적이 있습니다."(W. 데이비드 콘웰, 2008년 4월 15일 와튼 경영대학원 필라델피아 캠퍼스 강연)

174 "어떤 협상이든 자신이 가고자 하는 방향을 말해야만 하는 순간이 있다. 그리고 더 이상 없다. 그렇지 않으면 아무런 해

결책도 찾을 수 없다."(데이비드 스턴, 2003년 4월 9일 와튼 경영대학원 필라델피아 캠퍼스 강연)

174 "누군가를 유혹하고 싶다면 그 사람의 의견을 구하고 경청하라."(Horn, p. 18)

174 "불편해지는 순간이 올 때까지 침묵을 지켜라."(콘웰의 강연)

180 "자기가 어떻게 할 수 없는 부분에 대해서는 너무 걱정하지 마라. 그러다 나중에는 자기가 통제할 수 있는 부분에까지 악영향을 끼친다."(Horowitz)

7장 다른 사람의 일을 처리하라

184 "그건 에이전트가 할 일이죠."(Shropshire and Davis, p. 22)

186 협상 테이블 반대편에 제3자, 즉 에이전트가 등장하는 상황을 꺼리는 현상을 이야기하니, 1960년대 그린베이 패커스의 빈스 롬바르디Vince Lombardi 감독에 얽힌 일화가 떠오른다. (Shropshire and Davis, p. 12)

192 그중에서도 나는 '언제 에이전트를 이용해야 할까?When Should We Use Agents?'라는 제목의 기사에 실린 내용이 학술적이면서도 마음에 든다. (Rubin and Sanders, p. 401)

196 "협상의 예상 결과를 고객이 알 수 있도록 하고, 상황이 바뀔 때마다 고객에게 알리는 것이 중요하다. 반드시 기대 관리

를 해야 한다." _(빌 스트릭랜드, 2008년 5월 1일 전화 인터뷰)

198 "USFL과 일하면서 저지른 유일한 실수가 있다면 그건 동료 구단주들의 힘을 믿었다는 사실이다." _(Trump and Schwartz, p. 277)

8장 대중의 심리를 파악하라

202 "투견은 해서는 안 될 일이었습니다. 모든 분께 진심으로 사죄드립니다." ("Vebatim")

202 "제가 이 자리에 선 것은 과거에 대해 얘기하기 위해서가 아닙니다." ("McGwire Mum on Steroid in Hearing")

209 "저는 그녀의 의지에 반하는 행동을 강요한 적이 없습니다."
(Madigan)

209 "지금 여러분 앞에 앉아 있는 저는 간통이라는 큰 실수를 저지른 제 자신에게 분노하고 혐오감을 느낍니다." (Wise, Mike, and Alex Markels, "Lakers' Star Bryant Is Charged with Sex Assault at Colorado Spa." 2003년 7월 19일, query.nytimes.com/gst/fullpage.html?res=9F05E2DF1E3CF93A A25754C0A9659C8B63)

210 "판사 위에 대중이 있다." ("Perspectives")

211 NFL 사무국과 나눈 개별 면담에서도 빅은 거짓말을 한 게 분명해 보였다. ("Sentence Puts Vick's NFL Career in Jeopardy")

211 "저는 테스토스테론을 포함한 어떤 금지 약물도 복용해본 적이 없습니다." (Macur)

213 "부정적인 사건사고에 연루되면 가능한 한 신속하고 간명하게 사과해야 한다." (리치 니콜스, 2008년 5월 1일 전화 인터뷰)

213 "저를 믿어준 여러분 앞에서 그 믿음을 저버렸다고 고백하려니 한없이 부끄럽습니다." (Zinser and Schmidt)

9장 프로처럼 협상하라

220 "최선을 다해 우리 방식대로 경기에 임하면 상대가 어떻게 나오든 이길 수 있다." ("The Wooden Style")

221 "할 수만 있으면 저도 그렇게 할 겁니다." (데이비드 스턴, 2003년 4월 9일 와튼스쿨 필라델피아 캠퍼스 강연)

222 "모든 선수가 각자 최선을 다해 경기를 준비하고, 경기가 끝난 후 스스로 최선을 다했다고 인정할 수만 있다면 모든 게 다 잘될 거라고 말해주죠." (Wooden, *Practical Modern Basketball*, p. 47)

222 "아무리 계획을 잘 세워도 잘 통하지 않을 때가 있고…." (Summitt and Jenkins, p. xii)

224 "승리란 철저한 준비의 과학적인 결과라고 규정할 수 있다." (Shapiro and Jankowski, p. 97)

Negotiate Like the Pros

참고 문헌

Allen, Jennifer. *Fifth Quarter: The Scrimmage of a Football Coach's Daughter.* New York Random House, 2000.

Babcock, Linda, and Sarah Laschever. *Women Don't Ask: Negotiation and the Gender Divide.* Princeton, NJ: Princeton University Press, 2003.

"Bargaining at Fever Pitch," *Negotiation,* Vol. 3, No. 9, September 2007, p. 5.

Bazerman, Max H., and Margaret A. Neale. *Negotiating Rationally.* New York: The Free Press, 1992.

Benjamin, Matthew, "Go-To Guy: Agent Scott Boras Is Changing the Business of Baseball," *U.S. News & World Report,* May 2, 2004, www.usnews.com/usnews/biztech/articles/040510/10 eeagent_3.htm.

Benoliel, Michael, Ed.D., and Linda Cashdan. *Done Deal: Interviews with the World's Best Negotiators.* Avon, MA: Adams Media, 2005.

Brockman, John, ed. *What Are you Optimistic About? Today's Leading Thinkers on Why Things Are Good and Getting Better.* New York:

Edge Foundation, 2007.

Callahan, Tom. "Two Way Elway Gets His Way," May 16, 1983, www.time.com/time/magazine/article/0,9171,925961,00.html.

Chass, Murray. "Mariners Gain Rights to Sign Suzuki," *New York Times,* November 10, 2000, query.nytimes.com/gst/fullpage.ht ml?res=9E05E6DC1438F933A25752C1A9669C8B63.

Cialdini, Robert B., Ph.D. *Influence: The Psychology of Persuasion.* New York: HarperCollins Publishers, 2007.

Clayton, John, "Sentence Puts Vick's NFL Career in Jeopardy," ESPN.com, December 10, 2007, sports.espn.go.com/nfl/columns/story?columnist=clayton_ john&id=3148767.

"Danica to Stay in IRL But Switch to Andretti Green Racing," July 26, 2006, sports.espn.go.com/rpm/news/story?seriesId=1&id=2529364.

"David Beckham's Potential U.S. Move Could Give MLS Glitz," Foxnews.com, July 1, 2006, www.foxnews.com/story/0,2933, 201803,00.html.

Dell, Donald L. *Minding Other People's Business: Winning Big for Your Clients and Yourself.* New York: Random House, 1989.

Donaldson, Michael C. *Fearless Negotiating: The Wish–Want–Walk Method to Reaching Agreements That Work.* New York: McGraw–Hill, 2007.

Dungy, Tony, and Norman Whitaker. *Quiet Strength: Principles, Practices and Priorities of a Winning Life.* Carol Stream, IL: Tyndale, 2007.

Falk, David. "The Art of Contract Negotiation," *Marquette Sports Law Journal,* Vol. 3, No. 1, Fall 1992, pp. 331–360.

Fisher, Roger, and William Ury. *Getting to Yes: Negotiating Without*

Giving In. New York: Penguin, 1981.

Freund, James C. *Smart Negotiating: How to Make Good Deals in the Real World.* New York: Simon & Schuster, 1992.

Gergen, Joe. "The Rise of UCLA–1964," sportingnews.com, www.sportingnews.com/archives/ncaa/1964.html#top.

Harris, David. *The League: The Rise and Decline of the NFL.* New York: Bantam, 1986.

Heinrichs, Jay. *Thank You for Arguing: What Aristotle, Lincoln, and Homer Simpson Can Teach Us About the Art of Persuasion.* New York: Three Rivers Press, 2007.

Hoch, Stephen J., Howard C. Kunreuther, and Robert E. Gunther, eds. *Wharton on Making Decisions.* New York: John Wiley & Sons, 2001.

Hooper, Andy, and agencies. "RFU and Premier Rugby Announce New Deal," *Daily Telegraph*, UK, November 15, 2007, www.telegraph.co.uk/sport/main.jhtml?xml=/sport/2007/11/15/urprem115.xml (accessed April 29, 2008).

Horn, Sam. *Pop: Stand out in Any Crowd.* New York: Penguin, 2006.

Horowitz, Mitch. "From the Socks Up: The Extraordinary Coaching Life of John Wooden," www.mitchhorowitz.com/john-wooden.html.

"How to Negotiate Practically Anything," *Inc.*, February 1989, p. 35.

Huntsman, Jon M. *Winners Never Cheat: Everyday Values We Learned as Children (But May Have Forgotten).* Philadelphia: Wharton School Publishing, 2005.

Kelly, Kate, and Dana Cimilluca. "Alex Rodriguez Gets a Surprise Assist from Fan in Omaha," *Wall Street Journal,* November 17–18,

2007, p. 1.

King, Peter. "Bill Walsh, 1931–2007," *Sports Illustrated,* August 8, 2007, p. 57.

Lewicki, Roy J., and Alexander Hiam. *Mastering Business Negotiation: A Working Guide to Making Deals & Resolving Conflict.* San Francisco: Jossey–Bass. 2006.

Lewis, Michael. *The Blind Side: Evolution of a Game.* New York: W. W. Norton & Company, 2007.

Lum, Grande. *The Negotiation Fieldbook: Simple Strategies to Help You Negotiate Everything.* New York: McGraw–Hill, 2005.

Macur, Juliet. "Testosterone Seems to Be Enhancer of Choice," *New York Times,* July 31, 2006, www.nytimes.com/2006/07/31/sports/31drugs.html?_r=1&scp=1&sq=I%20have%20never%20taken%20any%20banned%20substance,%20including%20testosterone%20landis&st=cse&oref=slogin.

Madden, John, and David Anderson. *All Madden: Hey I'm Talking Pro Football!* New York: Red Bear, 1996.

Madigan, Nick. "Bryant Shows Up and Says Little," *New York Times*, August 7, 2005, query.nytimes.com/gst/fullpage.html?res=9C04E5DB1731F934A3575BC0A9659C8B63&sec=&spon=&scp=1&sq=&st=cse.

Malhotra, Deepak, and Max H. Bazerman. *Negotiation Genius.* New York: Bantam Books, 2007.

"McGwire Mum on Steroids in Hearing," CNN.com, March 17, 2005, www.cnn.com/2005/ALLPOLITICS/03/17/steroids.baseball/index.html.

Ming, Yao, with Ric Bucher. *Yao: A Life in Two Worlds.* New York:

Hyperion, 2004.

Mnookin, Robert H., Scott R. Peppet, and Andrew S. Tulumello. *Beyond Winning: Negotiating to Create Value in Deals and Disputes*. Cambridge, MA: Belknap Press of Harvard University Press, 2000.

Molinari, David. "Crosby's Negotiations Will Be Complex," *Pittsburgh Post Gazette,* July 5, 2007, www.post-gazette.com/pg/07192/800800-61. stm.

Newfield, Jack. *The Life and Crimes of Don King: The Shame of Boxing in America.* Harbor Electronic Publishing, 2003.

"Perspectives," *Newsweek,* December 3, 2007, p. 29.

Rapaport, Richard. "To Build a Winning Team: An Interview with Head Coach Bill Walsh," *Harvard Business Review,* p. 110, January 2993/February 1993.

Reardon, Kathleen. *Becoming a Skilled Negotiator.* Hoboken, NJ: John Wiley, 2005.

Rosenhaus, Drew, and Don Yaeger. *A Shark Never Sleeps: Wheeling and Dealing with the NFL's Most Ruthless Agent.* New York: Atria, 1998.

Rubin, Jeffrey Z., and Frank E. A. Sander. "When Should We Use Agents?: Direct vs. Representative Negotiation," *Negotiation Journal,* October 1988, p. 401.

"Selig Gives Blessing to Mega-Merger," ESPN.com, February 14, 2004, sports.espn.go.com/mlb/news/story?id=1735937.

Shapiro, Ronald, and Mark A. Jankowski with James Dale. *The Power of Nice: How to Negotiate So Everyone Wins—Especially You!* Revised edition. New York: John Wiley, 2001.

Shell, G. Richard. *Bargaining for Advantage: Negotiation Strategies for Reasonable People,* second edition. New York: Viking Penguin, 2006.

Shropshire, Kenneth, and Timothy Davis. *The Business of Sports Agents,* second edition. Philadelphia: University of Pennsylvania Press, 2008.

Smith, Michael. "McNabb: T. O. Situation Was about Money, Power," ESPN.com, February 2, 2006, sports.espn.go.com/nfl/news/story?id=1315565.

Spence, Gerry. *How to Argue and Win Every Time.* New York: St. Martin's Griffin, 1995.

Steinberg, Leigh, and Michael D'Orso. *Winning with Integrity: Getting What You Want Without Selling Your Soul.* New York: Three Rivers Press, 1998.

Stone, Douglas, Bruce Patton, and Sheila Heen. *Difficult Conversations: How to Discuss What Matters Most.* New York: Penguin Books, 1999.

Summitt, Pat, and Sally Jenkins. *Reach for the Summit: The Definite Dozen System for Succeeding at Whatever You Do.* New York: Broadway Books, 1998.

Thomas–Killman instrument, www.cpp.com/products/tki/index.asp.

Trope, Mike, and Steve Delsohn. *Necessary Roughness: The Other Game of Football Exposed by Its Most Controversial Superagent.* New York: Contemporary Books, 1987.

Trump, Donald J., and Tony Schwartz. *Trump: The Art of the Deal.* New York: Warner Books, 1987.

"The Tylenol Murders," History.com, www.history.com/this-day-in-history.do?action=VideoArticle&id=52868.

Ueberroth, Peter, with Richard Levin and Amy Quinn. *Made in America: His Own Story.* New York: William Morrow and Company, 1985.

Ury. William. *Getting Past No: Negotiating Your Way from Confrontation to Cooperation.* New York: Bantam Books, 1993.

____. *The Power of a Positive No: How to Say No and Still Get to Yes.* New York: Bantam Books, 2007.

"Verbatim," *Philadelphia Inquirer,* September 2, 2007, p. D3.

Williams, Terrie, and Joe Cooney. *The Personal Touch: What You Really Need to Succeed in Today's Fast-paced Business World.* New York: Warner Books, 1994.

"When Losing Becomes a Habit," The Hindu, December 1, 2006, www.hindu.com/2006/12101/stories/2006120107292200.htm.

Wise, Mke, and Alex Markels, "Lakers' Star Bryant Is Charged With Sex Assault at Colorado Spa," July 19, 2003. query.nytimes.com/gst/fullpage.html?res=9F05E2DF1E3CF93AA25754C0A9659C8B63.

Wooden, John R. *Practical Modern Basketball,* second edition. New York: John Wiley & Sons, 1966.

Wooden, John, with Steve Jamison. *Wooden: A Lifetime of Observations and Reflections On and Off the Court.* New York: McGraw-Hill, 1997.

Wooden, John, and Steve Jamison. *The Essential Wooden: Lifetime of Lessons on Leaders and Leadership.* New York: McGraw-Hill, 2007.

"The Wooden Style," *Time,* February 12, 1973, p. 2, www.time.com/
time/magazine/article/0,9171,903847-2,00.html.

Woolf, Bob. *Behind Closed Doors.* New York: Atheneum, 1976.

Zinser, Lynn, and Michael S. Schmidt. "Jones Admits to Doping
and Enters Guilty Plea," *New York Times,* October 6, 2007,
www.nytimes.com/2007/10/06/sports/othersports/06balco.ht
ml?scp=1&sq=%93It%92s+with+a+great+amount+of+shame+t
hat+I+stand+before+you+marion+jones&st=nyt.

Negotiate Like the Pros

찾아보기

찾아보기

협상은 스포츠에서 배워라

초판 1쇄 펴낸 날 | 2014년 12월 26일

지은이 | 케네스 슈롭셔
옮긴이 | 김인수
펴낸이 | 홍정우
펴낸곳 | 브레인스토어

책임편집 | 신미순
디자인 | 윤수경, 김준민
마케팅 | 한대혁, 정다운

주소 | (121-894) 서울특별시 마포구 양화로 7안길 31(서교동, 1층)
전화 | (02)3275-2915~7
팩스 | (02)3275-2918
이메일 | brainstore@chol.com
페이스북 | http://www.facebook.com/brainstorebooks

등록 | 2007년 11월 30일(제313-2007-000238호)

한국어출판권 © 브레인스토어, 2014
ISBN 978-89-94194-60-8 (03320)

이 도서의 국립중앙도서관 출판예정도서목록(CIP)은 서지정보유통지원시스템 홈페이지
(http://seoji.nl.go.kr)와 국가자료공동목록시스템(http://www.nl.go.kr/kolisnet)에서 이용하
실 수 있습니다.(CIP제어번호: CIP2014034919)